KB112400

긴즈버그의 말

RUTH BADER GINSBURG: IN HER OWN WORDS

Copyright © 2018 Helena Hunt
First published by Agate Publishing
Korean translation copyright © 2020 by Maumsanchaek

Korean edition is published by arrangement
with Nordlyset Literary
through Duran Kim Agency, Seoul.

이 책의 한국어판 저작권은 듀란킴 에이전시를 통해
Nordlyset Literary와 독점 계약한 마음산책에 있습니다.
저작권법에 의해 한국 내에서 보호를 받는 저작물이므로
무단 전재와 무단 복제를 금합니다.

긴즈버그의 말

평등을 향해 걸어온 대법관의 목소리

루스 베이더 긴즈버그 · 헬레나 헌트

오현아 옮김

마음산책

옮긴이 **오현아**

서울대학교 영어영문학과를 졸업하고 조인스닷컴Joins.com에서 서평 전문 기자로 일했다. 옮긴 책으로 『러스트벨트의 밤과 낮』『알리바이』『작은 공주 세라』『작가님, 어디 살아요?』『디어 개츠비』『사냥꾼들』『실비아 플라스 동화집』『도시의 공원』『실비아 플라스 드로잉집』『스팅』『내니의 일기』 등이 있다.

긴즈버그의 말
평등을 향해 걸어온 대법관의 목소리

1판 1쇄 발행 2020년 1월 5일
1판 7쇄 발행 2024년 7월 10일

지은이 | 루스 베이더 긴즈버그 · 헬레나 헌트
옮긴이 | 오현아
펴낸이 | 정은숙
펴낸곳 | 마음산책

등록 | 2000년 7월 28일(제13-653호)
주소 | (우 04043) 서울시 마포구 잔다리로 3안길 20
전화 | 대표 362-1452 편집 362-1451   팩스 | 362-1455
홈페이지 | www.maumsan.com
블로그 | blog.naver.com/maumsanchaek
트위터 | twitter.com/maumsanchaek
페이스북 | facebook.com/maumsan
인스타그램 | instagram.com/maumsanchaek
전자우편 | maum@maumsan.com

ISBN 978-89-6090-604-4 03300

* 책값은 뒤표지에 있습니다.

보다 정의로운 세상을 향한
기나긴 투쟁 속에서
우리의 기억은
가장 강력한 무기 가운데
하나다.

■ 일러두기

1. 이 책은 『Ruth Bader Ginsburg: In Her Own Words』(Agate Publishing, 2018)를 우리말로 옮긴 것이다.
2. 외국 인명, 지명, 독음 등은 외래어 표기법을 따르되 관용적인 표기와 동떨어진 경우 절충하여 실용적 표기를 따랐다.
3. 국내에 소개된 작품명은 번역된 제목을 따랐고, 국내에 소개되지 않은 작품명은 원어 제목을 독음대로 적거나 우리말로 옮겼다.
4. 원문에서 이탤릭체로 강조한 부분은 굵은 글씨체로, 옮긴이 주는 글줄 상단에 표기했다.
5. 매체, 영화, 공연, 음악, 텔레비전 프로그램 등은 〈 〉로, 편명, 단편, 논문은 「 」로, 책 제목은 『 』로 묶었다.

자유롭게 너와 내가 되기 위해

헬레나 헌트

　루스 베이더 긴즈버그 대법관은 그녀에게 쏟아지는 온갖 악명notoriety을 누릴 자격이 충분하다 긴즈버그는 미국의 젊은 층에서 래퍼 노터리어스 BIG에 빗대 노터리어스 RBG라는 애칭으로 불린다. 성별이나 소득, 인종, 또는 역사적으로 미국 사회에서 개인의 지위를 결정 지어온 여타의 출생 환경에 관계없이 모든 사람이 평등권을 누릴 수 있도록 수십 년간 싸워온 그녀의 활동에 힘입어, 여성들은 물론 남성들도 막대한 혜택을 보았다. 고작 150센티미터가 조금 넘는 단신으로 그녀는 브루클린에서 판사석까지 큰 발자취를 남겼다.

　조앤 루스 베이더는(조앤이라는 이름의 학교 친구들과 구별하려고 후에 이름을 루스로 바꾼다) 1933년에 브루클린에서 유대인 이민자의 손녀이자 딸로 태어났다. 어머니의 격려—훈육도 함께—를 받으며 학교에서 단연 우수한 성적을 냈고 책에 탐닉했는데 이런 재능은 그녀가 고등학교 졸업 후 코넬대학교에 입학하는 것을 가능하게 했다.

긴즈버그의 어머니 실리아 베이더는 딸의 고등학교 졸업식 전
날 세상을 떴지만 긴즈버그의 삶과 일에 항구적인 영향을 미쳤
다. 긴즈버그는 어머니처럼 똑똑한 사람을 본 적이 없다고, 어머
니도 기회만 있었으면 자신 못지않게 많은 일을 했을 것이라고
자주 말한다. 긴즈버그는 자신의 어머니 같은 여성들이 성별로
제약받지 않고 남성들처럼 교육과 일과 성공의 기회를 얻을 수
있게끔 평생을 힘썼다.

얼마간은 유리한 결혼을 보장한다는 이유로 가족이 선택한
코넬대학교에서(1950년대에 코넬대학교의 남녀 입학생 비율은 4대
1이었다) 긴즈버그는 또다시 학구적인 잠재력을 증명해 보였고,
20세기 가장 유명한 법조계 경력에 속하게 될 활동에 첫발을 내
딛는다. 로버트 E. 쿠시먼 코넬대 교수는 당시 미국에서 활동하
던 공산주의자들에 대해 문제가 많은 조사를 벌인 조지프 매카
시와 비미활동 조사위원회House Un-American Activities Committee가 시민
들에게 얼마나 부당한 짓을 저지르고 있는지 학생들에게 주의를
환기했다. 쿠시먼 교수는 위원회에 소환된 사람들을 대변하는
변호사들에게 공개적으로 존경을 표했고, 정부 개입에 대한 두
려움 없이 자유롭게 생각하고 연설할 미국 시민의 권리를 옹호
했다. 그 변호사들은 긴즈버그에게 법률가의 삶에 대한 가능성
을 보여주었고, 그녀가 평생에 걸쳐 평범한 시민의 권리를 옹호
한 것은 그들의 영향에 힘입은 것이었다.

우등 졸업과 파이베타카파Phi Beta Kappa. 미국 최고 엘리트 클럽 가입
이외에도 긴즈버그는 가족이 원하던 것, 곧 남편을 찾았다. 그러
나 남편 마틴은 긴즈버그가 말하듯이 1950년대의 전형적인 남자

대학생이 아니었다. 그는 다른 어떤 자질보다 긴즈버그의 총명함을 인정했고, 밖에 나가 돈을 버는 동안 그녀가 집에서 자신을 기다리길 기대하지 않았다. 긴즈버그가 종종 말한 것처럼 그는 긴즈버그 자신도 해내리라 확신하지 못한 일을 (〈로리뷰Law Review〉 미국 로스쿨 학생들이 발간하는 법률 간행물 편집위원, 교수, 대법관) 계속 추진하도록 밀어준 그녀의 가장 큰 후원자였다.

코넬대학교를 졸업하고 (한국전쟁 동안 오클라호마 포트실 육군 기지에 배치된 마틴을 따라 그곳에서 얼마간의 시간을 보낸 뒤) 긴즈버그는 하버드 로스쿨에 입학했다. 입학생 오백 명 가운데 여자는 단 아홉 명이었다. 긴즈버그는 여성으로는 최초로 권위 있는 〈하버드 로리뷰〉 발간에 참여했고, 남편과 뉴욕에 있기 위해(딸 제인을 부부가 함께 키우길 원했다) 컬럼비아 로스쿨로 편입학한 다음 공동 수석으로 졸업했다.

흠잡을 데 없는 이력서에도 불구하고 긴즈버그는 로스쿨 졸업 이후 일자리를 찾는 데 애를 먹었다. 법률사무소 고용주들은 유대인과 여성, 아이 엄마를 대놓고 차별했다. 긴즈버그는 물론 이 세 가지에 모두 해당했다. 에드먼드 팔미에리 연방판사 사무실에 일자리를 얻은 것도 제럴드 건서 컬럼비아대 교수가 힘을 쓴 뒤였다. 소위 '결점'이 있었지만 그녀는 그곳에서도 단연 탁월한 업무 수행 능력을 보였다. 긴즈버그를 비롯한 당시 여성 변호사들은 고용 시장과 여타의 곳에서 차별 대우를 받는다는 사실을 충분히 인식하고 있었지만 대부분 그것을 어쩔 수 없는 현실로 받아들였다. 1950년대와 60년대의 시민권 운동과 그로부터 얼마 뒤 시작된 여성운동은 법조계를—법전도 더불어—개선하기에 앞서 사회 분위기부터 먼저 바꿔야만 했다.

긴즈버그가 비로소 여권운동에 참여하게 된 것은 컬럼비아대 로스쿨 교수로 부임해(종신 재직권이 보장된 첫 여성 교수였다) 학생 몇몇으로부터 여성과 법에 대한 강좌를 열어달라는 부탁을 받고서였다. 그녀는 그 주제에 관한 연구에 착수했고, 또 빨리 마쳤다. 1970년대 초반만 해도 법원에 제소된 성차별 사건은 거의 전무했고 미국의 법과 법령은 여성에게 불리한 판례로 가득했다. 긴즈버그는 곧 이 모든 것을 바꾸기 시작했다.

1972년에 긴즈버그는 미국시민자유연맹American Civil Liberties Union. 약칭은 ACLU과 협력해 여성인권사업Women's Rights Project을 추진했다. 긴즈버그와 ACLU의 동료 변호사들은 남녀에게 각기 다른 권리와 책임을 부여하는 미국의 모든 법을 곧장 폐기하고자 하지는 않았다. 그 대신 긴즈버그는 문제가 되는 법을 하나씩 폐지하고 성별에 대한 고정관념이 여성과 **남성** 모두에게 끼치는 해악을 지적하기 위해 개개의 시소試訴다른 유사한 사건에 판례가 되는 소송 사건— 남편이 피부양자 혜택을 누리지 못하는 여성 군인, 어린 자식을 양육해야 하지만 죽은 아내의 사회보장 혜택을 받을 수 없는 남성, 여성의 배심원단 참여를 의무화하지 않은 여러 주—를 활용했다. 모든 남성이 가족의 생계를 책임지는 건 아니라고 긴즈버그는 주장했다. 마찬가지로 모든 여성이 주부는 아니었다. 법은 모든 사람에게 그와 같은 조건을 부여해서는 안 된다. 오히려 법은 긴즈버그가 종종 말하듯이 "자유롭게 너와 내가 되도록" 허용해야 한다. 리드 대 리드, 프론티에로 대 리처드슨, 와인버거 대 와이젠펠드 사건처럼 1970년대에 그녀가 변론하거나 변론 취지서를 작성한 수많은 사건을 통해 성별 구분은 무너졌다. 양성평등을 미국 시민의 기본권으로 천명할 평등권 수정헌법Equal Rights Amendment을 쟁취하기 위한 싸움에서는 끝내 지고 말았지만, 긴즈버그의 법정 활동은 법 앞에서의 평등을 구현하는 데 크게 이바지했다.

1980년에 지미 카터 대통령은 긴즈버그의 곧은 정의감을 높이 사 그녀를 컬럼비아 특별재판구 연방항소법원 판사로 임명했다. 긴즈버그는 그곳에서 12년 동안 근무했다. 그러고 나서 그녀는 생애 최고이자 가장 어려운 자리, 연방대법원으로 옮긴다. 1993년에 빌 클린턴 대통령이 그녀를 두 번째 여성 대법관으로 지명했고 상원은 업무에 대한 재능과 자질을 인정해 인준안을 96대 3으로 통과시켰다.

대법원에서 진보적인 성향으로 통하는 긴즈버그 대법관은 법 앞에서 만인을 평등하게 바라보는 헌법 해석을 부단히 요구한다. 주 정부의 지원을 받는 명문 버지니아군사대학교에 여성의 입학을 처음으로 허가한 연방정부 대 버지니아 사건에서 그녀는 매우 뜻깊고 개인적인 견해를 판결문에 반영했다. 그 사건은(판결 결과는 7대 1이었다) 남성에게 늘 열려 있는 기회를 여성에게도 열어놓았다는 점에서 긴즈버그 경력의 백미로 자주 꼽힌다.

긴즈버그 대법관이 모든 사건에서 다수 의견을 내는 것은 아니다. 오히려 현재의 보수적인 대법원 지형으로 볼 때, 그녀는 반대표를 가장 많이 던지는 판사 가운데 하나다. 그러나 반대 의견을 낼 때도 그녀의 말은 폐부를 찌를 만큼 강력하다. 몇몇 사건에서는 그녀의 의견이 미국의 법을 바꿔놓기도 했다. 임금 차별 소송인 레드베터 대 굿이어타이어사 사건에 대한 그녀의 반대 의견서가 나온 이후에 의회는 릴리레드베터 공정임금법을 통과시켰다. 대법원의 다수 의견을 효율적으로 뒤엎은 데다 임금 차별 소송에 제한을 둔 법령까지 폐기시킨 것이다. 특히 버웰 대 하비로비, 월마트 대 듀크스, 셸비카운티 대 홀더 사건의 반대 의견에서 그녀는 언제나 그랬듯이 불의와 차별에 대해 의회와 대법원의 주의를 환기했다. 긴즈버그 대법관은 레드베터 사건처럼 반대 의견들이 언젠가 이 땅의 법률이 되기를—수많은 사람이 그러하듯이—소망한다.

이 책에 인용된 문구는 긴즈버그가 변호사로서 변론하고 판사로서 심의했던 몇몇 중요한 사건에 대한 발언뿐 아니라 대중 연설과 인터뷰, 글에서 추린 것이다. 「연보 및 주요 사건」을 보면 (168쪽 참고) 이 사건들에 대해 좀 더 자세히 알 수 있다. 연도순으로 정리된 「연보 및 주요 사건」에는 긴즈버그의 삶에서 중요한 다른 사건들도 나와 있다.

긴즈버그 대법관은 기업과 정부, 혹은 부유한 기부자들에게 봉사하기 위해서가 아니라 미국 헌법 제정자들의 진정한 목적이라고 그녀 스스로 믿는 것을(당시 그것이 **목적**이었음을 그들이 몰랐다 할지라도) 지키기 위해서, 곧 만인이 법 앞에 평등한 사회를 만들고 유지하기 위해서 법을 활용한다. 변호사로서의 변론과 대법관으로서의 의견, 법률 개정에 대한 영향력을 떠나 루스 베이더 긴즈버그의 경이로운 삶 자체는 여성도 남성과 마찬가지로 평등—그리고 악명—을 누릴 자격이 있음을 증명한다.

긴즈버그 대법관(2006)

© Collection of the Supreme Court of the United States

차 례

나의 인생

페미니즘에 대한 가장 간단하면서도
본질을 포착하는 설명은, 말로 토머스가 노래한
〈자유롭게 너와 내가 되자〉가 아닐까 싶다.
여자아이라면 의사건 변호사건 아메리카 원주민 추장이건
원하는 일은 무엇이건 자유롭게 하라. 남자아이라면,
그리고 그 아이가 가르치고 돌보는 일을 좋아하고 인형을
갖고 싶어 한다면 그것 역시 괜찮다. 페미니즘 개념은
우리 모두 어떤 재능이 있건 각자의 재능을 자유롭게
개발할 수 있어야 하고 인위적인 장애물—단연코
하늘이 내린 것이 아닌 인간이 만든 장애물—에
가로막혀서는 안 된다는 것이다.

© Lynn Gilbert

법은 사회를 위해
존재한다. 따라서 사회의
경험이 법에 반영되는
것은 당연하다. 법이
사람들의 생활 방식에
관계없이 무미건조하게
논리적이라면,
그것은 성공적인 제도로
자리 잡지 못할 것이다.

법

법과 헌법

헌법 제정자들은 천부권의 맥락에서 사고했다. 그들이 보기에 인권은 주(혹은 국가)보다 앞서는 것이었다. 인권은 더 높은 권위, 곧 하느님에게서 나오는 것이었다. 인권 부여는 정부의 권한이 아니었다. 오히려 인권을 짓밟지 않는지 정부를 경계해야 했다.

— 1990년 2월 7일, 아칸소대학교 리틀록캠퍼스 로스쿨

헌법은 경이로운 제도였다. 무엇보다 헌법은 군왕의 권력을 거부했고, 미국 시민의 운명은 출생 신분에 의해서 결정되지 않는다고 명시했다. 이런 생각에는 엄청난 성장 잠재력이 내재되어 있다.

— 1990년 4월 19일, 미국기업연구소American Enterprise Institute

나는 스스로를 원전주의자originalist. 긴즈버그의 정의에 따르면 미국 역사를 고려해 헌법 제정자들의 의도를 파악하려는 사람로 여기지만, 다른 종류의 원전주의자와는 구별했으면 한다. 다른 종류의 원전주의자는 이렇게 말할 것이다. "판사에게는 법을 제정할 권한이 없다. 법 제정은 입법부의 몫이다. 판사가 개인적 믿음과 생각을 헌법 조항에 투영하지 않으려면 헌법을 문자 그대로 읽을 필요가 있다. 200 몇십 년 전으로 돌아가 미국 헌법 제정자들이나 수정헌법 제14조노예 출신 흑인들의 권리를 보장할 목적으로 제정된 조항으로, 모든 시민에게 법의 평등한 보호를 받을 권리가 있음을 명시한다 제정자들이 …… 어떻게 그런 결정을 내렸는지 파악할 필요가 있다." 그러면 나는 이렇게 대꾸한다. "그게 바로 내가 하는 일이다. 하지만 나는 그 제정자들을—헌법을 제정한 사람들은 모두 남자였다—오늘날의 우리 옆으로 데리고 온다." 평등의 가치를 높이 샀지만 그 자신이 노예 소유주였던 토머스 제퍼슨은 오랜 세월에 걸쳐 평등사상이 이렇게 널리 퍼진 걸 안다면 분명 환호를 보낼 것이다.

- 〈에린 하버 쇼〉

헌법 제정자들의 의도가 무엇인지 파악하려면 그 문제를 두 가지 관점에서 바라보아야 한다. 하나는 당시 그들의 즉각적 의도가 무엇이었느냐고, 다른 하나는 (벤저민) 카도조 대법관이 말했듯이 지나가는 시간이 아닌 확장하는 미래에 헌법이 통치할 것이라는 더 큰 기대를 그들이 가지고 있었다는 것이다.

- 1993년 7월, 미 상원 법사위원회 인준 청문회

내가 주 헌법 비준 회의에 참가한다면, 모든 시민에게 동등한 기본권을 보장하는 독립선언문의 기초 명제를 …… 권리장전Bill of Rights. 1791년에 비준된 수정헌법 제1~10조로 표현, 집회, 종교의 자유 등 기본권을 기술하고 있다에 분명히 포함시킬 것을 제안하겠다. 그 명제는 독립선언문의 핵심으로 평등권을 보장하지만, 1787년 헌법과 권리장전에는 누락되었다.

- 1990년 4월 19일, 미국기업연구소

일반적 관점에서는 합헌으로 보이는 것이 동시대의 특정한 관점—그 법을 통과시킨 입법자들은 거의 예견하지 못한 관점—에서 보면 헌법에 반하는 것으로 드러나기도 한다.

- 1996년 10월 24일, 폴 M. 허버트 법학센터

법은 사회를 통치하기 위해 존재한다. 법은 사회를 위해 존재한다. 따라서 사회의 경험이 법에 반영되는 것은 당연하다. 법이 사람들의 생활 방식에 관계없이 무미건조하게 논리적이라면, 그것은 성공적인 제도로 자리 잡지 못할 것이다.

- 2017년 9월 26일, 뉴욕 92번가 Y(뉴욕의 비영리 문화단체)

헌법에 "노예제"라는 단어는 단 한 번도 언급되지 않지만, 그것은 화급한 문제였다. 최초의 헌법에는 얼마간의 결함이 있다. 그중 하나는, 제1조에서 노예무역을 1808년까지 허용했다는 것이다. 타인에게 종속된 인간이 존재한 까닭에 최초의 헌법에는 평등에 대한 조항이 전혀 나오지 않는다. 그런 점에서 헌법이 완전해진 것은 남북전쟁이 끝나고 나서였다.

— 2006년 12월, 애넌버그 클래스룸Annenberg Classroom

(펜실베이니아대학교 애넌버그 공공정책센터가 운영하는 비영리 프로그램)

오늘날 헌법을 제정한다면, 새로운 헌법을 구상하지 않고 18세기 모델을 돌아볼 것인가?

— 2013년, 예일대학교 로스쿨

미국 헌법의 역사는 근 220년이고, 헌법에는 젠더 차별에 반대하는 어떤 명문 규정도 없다. 미국의 평등한 보호 법리는, 통치자가 그 누구에게도 "법의 평등한 보호"를 막아서는 안 된다는 추가적 명령의 해석을 수반한다. 1868년에 미국 헌법에 수록된 그 표현 수정헌법 제14조의 평등보호조항은 한때 좁은 의미로 해석되었지만, 시간이 지나면서 성장 잠재력을 증명해 보였다.

— 2006년 2월 10일, 남아프리카공화국 케이프타운대학교

현대의 모든 인권 관련 문서는 법 앞에 양성兩性이 평등하다는 진술을 담고 있다. 미국의 헌법은 그렇지 않다. 내 딸과 외손녀, 그 후에 올 모든 딸들을 위해 나는 그 진술을 우리 정부의 근본 통치 수단 가운데 하나로 여기고 싶다.

- 1993년 7월, 미 상원 법사위원회 인준 청문회

평등권 수정헌법안이 채택되면 헌법 해석과 수정 사이의 회색 지대에 놓인 법원의 고민이 줄어들 것이다. 역사적 장애물—젠더 차별을 해결하려는 의도가 없었던 18세기와 19세기의 헌법 제정자들—또한 제거될 것이다. 정부의 근본 통치 수단에도 어떤 원칙이 생겨서, 그 원칙 아래 사법부는 지금과 달리 일관된 의견 양상을 보일 수 있을 것이다. 시대에 맞지 않는 차별적 법률을 여전히 고수함으로써 사회 변화를 지연하는 사법부의 타성에도 종지부를 찍을 수 있을 것이다.

- 1977년 1월, 〈미국변호사협회 저널American Bar Association Journal〉

이론적으로 (양성에게 평등권을 부여하는) 일은 평등권 수정헌법
Equal Rights Amendment. 약칭은 ERA. 성차별 금지 조항을 명시한 평등권 수정헌법안은
1972년 미국 연방의회를 통과했지만 1982년까지 비준안을 승인한 주는 모두 35곳으로,
효력 발생에 필요한 38개 주 이상의 비준을 얻지 못했다. 최근 미투 운동에 힘입어 네바
다주, 일리노이주에 이어 2020년에 버지니아주가 38번째로 평등권 수정헌법안을 비준
했지만 입법 시한 만료 등의 문제로 평등권 수정헌법안이 발효될지는 아직 미지수이다.
제정 없이도 이룰 수 있다. 그러나 ERA의 강한 추진력이 없다면
그 일은 입법부의 우선순위에서 계속 뒷전으로 밀려날 것임을
역사는 생생히 보여준다.

- 1978년 봄, 〈법률 교육 최신 소식Update on Law-Related Education〉

(미국변호사협회가 1년에 세 번 발행하는 정기 간행물)

평등권 수정헌법에 대해

포괄적이고 일반적인 용어로 표현된 인권 보장문은 어떤 것이
든 공포 조장 활동에 취약하게 마련이다. 평등권 수정헌법안이
겪고 있는 일이다. 평등권 수정헌법안은 18세의 투표권을 보장
한 수정헌법과 비교할 수 없다. 투표권 수정헌법은 17세가 아닌
18세를 분명히 밝힌다. ERA의 문구는 "연방정부와 주 정부는 성
별을 이유로 법에 따른 평등을 부인하거나 제한할 수 없다"이므
로 그 의미를 왜곡하는 게 가능하다.

- 1981년, 『지혜로운 여성들Women of Wisdom』

평등권 수정헌법은 만병통치약이 아니다. 평등권을 그저 종이에 적힌 진술문이 아닌 실재하는 권리로 만들려면 그것을 실행할 의지가 있는 사람들이 필요하다.

— 2013년, 예일대학교 로스쿨

보통법은 물론이고 헌법 판결에서 신중한 접근은 대체로 옳은 것으로 보인다. 경험으로 보건대, 너무 빨리 만든 법리적 장치들은 결국 불안정한 것으로 판명 나기 쉽다.

— 1993년 3월 9일, 뉴욕대학교 로스쿨

헌법의 선거 조항에 나오는 "입법부"라는 단어를 국민에 의한 입법을 배제하는 쪽으로 해석하는 것은 그릇된 행위다. 특히 국민에 의한 입법의 의도가, 선거구를 선택하려는 국회의원들의 권한을 견제해서 그들이 "각 주의 유권자들에 의해 …… 선택될" 가능성을 높이는 것이라면 더욱 그렇다.

— 2015년 6월 29일, 애리조나주 의회 대 애리조나
독립선거구조정위원회 사건* 판결문. 유권자에 의해 임명된 위원회의
선거구 조정 권한을 무효화하려는 애리조나주 의회의 시도에 대해

---

* 「연보 및 주요 사건」 2015년 '애리조나주 의회 대 애리조나 독립선거구조정위원회' 참고(본문 189쪽)

유권자가 대의기관의 결정을 폐기하지도 수정하지도 못한다고 대의기관이 확신할 때, 자신들이 대표하는 국민의 의견에 대한 입법부의 반응성은 높아지기 어렵다.

> — 2015년 6월 29일, 애리조나주 의회 대 애리조나
> 독립선거구조정위원회 사건 판결문. 유권자에 의해 임명된 위원회의
> 선거구 조정 권한을 무효화하려는 애리조나주 의회의 시도에 대해

무엇이 영구적일까? "의회는 언론 출판의 자유를 제한하는 어떤 법도 통과시킬 수 없다." 숨김없이 자기 생각을 말할 권리, 빅브라더 정부가 옳게 생각하고 말하고 글을 쓰라고 다그칠까 봐 노심초사하지 않아도 될 권리, 그것은 이루 말할 수 없이 중요하다.

> — 2017년 2월 6일, 스탠퍼드대학교
> 의미 있는 삶에 대한 래스번 강연Rathbun Lecture on a Meaningful Life

수정헌법 제2조는 그 기능을 다했다는 점에서 시대에 맞지 않다. 법원이 제2조를 올바로 해석했다면 아마도 이렇게 말하지 않았을까 싶다. "미국이 신생국가였을 때 수정헌법 제2조는 매우 중요했다. 그 조항은 총기 소지에 대한 제한적 권리를 부여했지만, 단 하나의 목적을 위한 것이었다. 그 목적이란 나라를 지키기 위해 전쟁에 나가 싸울 민병대를 유지하는 것이었다."

> — 2013년 9월 15일, 〈테이크어웨이The Takeaway〉
> (미국의 아침 라디오 뉴스 프로그램)

공정하게 집행되는 사형이란 있을 수 없다. 문제는 바로 그것이다. 누가 사형되는가? 그것은 룰렛 회전판이지 정의로운 제도가 아니다.

- 2015년 2월 12일, 스미스소니언 협회

사형 집형 건수가 계속 줄어들어서 실제로 사형을 집행하는 주는 3개뿐인 것 같다. 모든 주가 아니라 몇몇 특정 주에 국한된 것이다. 그것은 지방 검사가 누구냐에 달려 있다. 사형 집행 건수가 점차 줄어들고 있으니, 자연 감소에 의한 사형제의 폐지를 볼 수 있을지도 모르겠다.

- 2017년 7월 24일, 워싱턴 변호사협회 무료 공익 변론 여름 포럼

내가 바꾸고 싶은 몇 가지가 있다. 그중 하나가 선거인단이다. 그러나 그것은 헌법 수정을 필요로 한다. 헌법 수정은 …… 정말 어려운 일이다.

- 2017년 2월 6일, 스탠퍼드대학교 의미 있는 삶에 대한 래스번 강연

우리와 비슷한 가치, 비슷한 민주주의 헌신도를 가진 사법 체제와 경험을 공유하려고도 배우려고도 하지 않는다면, 미국의 사법 체제는 내가 주장했듯이 더욱 형편없어질 것이다.

- 2010년 7월 30일, 아메리칸대학교 비교법학 국제아카데미

우리의 사법 체제는 투명함으로 유명하다고 생각한다. 우리는 법이 늘 분명하고 확실한 것인 양 행동하지 않는다. 대신에 법이 무엇인지를 놓고 양측에서 열띤 논쟁을 몇 번이고 벌일 수 있다.

– 2017년 7월 21일, 듀크대학교 로스쿨

변호사와 판사 그리고 법률 업무

내가 (법을) 처음 접한 것은 대학생 시절 위스콘신 상원의원 조매카시가 활보하던 때였다. 적색공포가 나라 전역을 휩쓸었고, 매카시는 구석구석에서 공산주의자를 색출해 상원조사위원회와 비미활동 조사위원회로 끌고 와서는 대공황 때 어떤 단체에 가입했는지를 캐물었다. …… 헌법 교수님 한 분이 계셨는데 그분이 나를 일깨워주셨다. 이렇게 끌려온 사람들을 대변하는 변호사들이 있다고, 빅브라더 정부가 옳게 생각하고 말하고 쓰라고 강요하는 대로가 아니라 자신의 믿음대로 생각하고 말하고 쓸 권리가 헌법에 보장되어 있음을 그들이 의회에 상기하고 있다고. 수정헌법 제5조는 불리한 진술을 강요받지 않을 권리를 명시한다. 참 멋지다는 생각이 들었다. 변호사는 생계 수단이 될뿐더러 사회에 좋은 일을 할 수 있는 직업이었다.

- 2017년 7월 21일, 듀크대학교 로스쿨

변호사들이 사회와 국가, 세계의 눈물, 가난하고 잊힌 사람들, 사회적 혜택과 신뢰를 받지 못하는 소수자라서 성공으로부터 배제된 사람들의 눈물을 닦는 일에 나서지 않는 것은 대체로 이데올로기 때문이 아니다. 그보다는 무관심과 이기심, 이미 일을 과도하게 하고 있다는 우려 때문일 가능성이 높다. 넘어서기가 쉽지 않은 감정이다. 그러나 변호사가 스스로를 하루 일해 일당을 버는 장사꾼이 아닌, 진실한 학문적 직업인으로 생각한다면 타성과 책상에 쌓인 서류 더미, 시간 부족을 극복하려고 노력할 것이다. 그 보답이 참으로 크기 때문이다.

- 2006년 5월 2일, 미국변호사협회 이니셔티브American Bar Association Initiative

변호사의 기술은 판사 앞에 부엌 싱크대를 던져놓는 것이 아니라 판사가 받아들일 수 있게 논지를 정제하는 것이다.

- 2015년, 로프로즈LawProse(미국의 법률 컨설팅 회사) 인터뷰

변호사가 되어 사무실을 개업하고 단지 실력만 좋다면 기술자와 다름없을 것이다. 그러나 진정한 전문직 종사자가 되고 싶다면 자신 너머의 일, 지역사회의 눈물을 닦아주고 자신보다 불행한 사람들의 삶을 더 나아지게 할 수 있는 일을 해야 한다.

- 2017년 2월 6일, 스탠퍼드대학교 의미 있는 삶에 대한 래스번 강연

법률가가 지구상에서 가장 불행하고 건강하지 않은 직업군에 속한다는 연구 결과가 최근 방송에 보도되었다. 그러나 공익 봉사에서 얻는 만족감은 오늘날 수많은 변호사들이 업무를 수행하며 갇히게 되는 철창을 열어젖힐 가능성을 내포한다.

－ 2000년 11월 16일, 브루클린 로스쿨

내 방들의 세 벽과 책상에는 「신명기」의 한 구절을 히브리어로 적은 작품들이 전시되어 있는데, 내가 느끼는 안정감이 그 구절에 드러난다. "세데크, 세데크, 티어도프zedek, zedek, tirdof" "정의, 정의를 좇을지어다"라고 이 작품들은 천명한다. 이것들은 "판사가 성장하려면" 무엇을 해야 할지를 언제나 일깨워준다.

－ 2004년 8월 22일, 미국 유대교 350주년 기념 투로 시너고그 축하식

판사는 관련 사실과 해당 법에 부합하는지 살피면서 각각의 사건에 공정한 판결을 내려야 한다. 그러나 판사가 "홈 관중이 원하는" 바에 이끌리고 싶은 유혹을 느낀다면, 이제 그만 사직서를 내고 다른 일을 알아봐야 할 때다.

－ 1993년 7월, 미 상원 법사위원회의 인준 질문서에 대한 답변

판사는 그날의 날씨가 아닌 시대의 기후를 고려해야 한다.

－ 1993년 7월, 미 상원 법사위원회 인준 청문회

정부의 다른 부에 대해서도 마찬가지지만 법원에 대한 비판에 분노해서는 안 된다. 오히려 비판을 기꺼이 받아들이고 깊이 생각해야 한다. 종신 임명직인 판사에게 합리적인 비판은 특히 중요하다. 겸손과 자기 의심이라는 건전한 태도를 판사석에서 유지하는 데 도움이 되기 때문이다.

　　　　　　　 - 1993년 7월, 미 상원 법사위원회의 인준 질문서에 대한 답변

판사들은 헌법적 질서 속에서 자신들의 위치를 유념해야 한다. 판사들이 플라톤의 수호자들처럼 판결하기를 자청한다면 우리 사회의 민주주의가 파괴될 수 있음을 그들은 늘 명심해야 한다.

　　　　　　　　　 - 1993년 7월, 미 상원 법사위원회 인준 청문회

우리에게 법이 존재하는 까닭이다. 우리에게 선례구속의 원칙 후일, 먼저와 같거나 비슷한 사건에 대해 판결을 하는 경우에 선례에 의해 구속을 받고, 상급 법원의 판결이 하급 법원을 구속한다는 원칙이 존재하는 까닭이다. 그로 인해 판사는 자신의 도덕적 신념을 투영할 수 없으며, 왕이나 왕비인 양 군림할 수 없다.

　　　　　　　　　 - 1993년 7월, 미 상원 법사위원회 인준 청문회

(제2재판구) 연방항소법원의 명판사인 러니드 핸드 판사는 (벤저민) 카도조를 언급하면서 훌륭한 판사의 자질에 대해 말했는데, 여기서 핸드 판사의 표현을 빌리고자 한다. 훌륭한 판사란 이기려고 상대편의 체스 말을 모조리 쓸어버리지 않는 사람이다. 카도조가 때로는 변호사보다 상대편의 이야기를 더 잘 전달하곤 했다고 핸드 판사는 말했다. 정직한 셈—위태로운 문제를 숨기지 않고, 상대편에게 중요한 문제를 무시하거나 왜곡하지 않는 것, 어느 법원에 있건 판사에게 가장 중요한 자질이라고 본다.

- 2000년 6월 17일, 제2재판구 연방항소법원 사법 콘퍼런스

효율적인 판사는 …… 권위적으로 말하는 대신 설득하려고 노력한다. 상호 동등한 정부 부서와 주 정부, 법원 동료들을 비난하는 대신 "온화하고 절제된" 목소리로 그들과 대화를 이어나간다.

- 1993년 3월 9일, 뉴욕대학교 로스쿨

최후의 사법적 수단으로 대법원에 제소된 논쟁적 사건들은 국가와 국민의 건강과 안녕에 관련된 것이다. 우리 세대와 후손 세대의 자유를 지키는 데 영향을 주는 것들이다. 대법원에서 근무한다는 것은 판사에게 최고의 명예이자 가장 큰 신뢰다. 그것은 우리 사회를 질서 있으면서도 자유롭게 유지하는 한 방편으로 내 능력껏—법과 더불어, 법을 위해—일한다는 것을 의미한다.

- 1993년 7월, 미 상원 법사위원회 인준 청문회

연방대법원 대법관 구성원(2019)

대법원

우리 모두는 대법원 판사석을 구성하는 특정 개인보다 우리가 복무하는 이 기관이 훨씬 중요하다는 사실을 잘 알고 있다. 내가 보기에 우리 일이 법률가에게는 최고인 것 같다. 우리의 책무는 있는 힘껏 정의를 추구하는 것이다.

- 2009년 3월 13일, 뉴잉글랜드 로스쿨

미국의 법을 다소라도 통일되게 유지하는 것, 우리가 우리의 소임으로 여기는 것이다.

- 2017년 2월 6일, 스탠퍼드대학교 의미 있는 삶에 대한 래스번 강연

모두가 동의하고 모든 법정이 동의하면 우리가 나설 필요가 없다. 그러나 무엇이 정답인지에 대해 훌륭한 판사들의 의견이 나뉜다면, 서부 해안과 중부 주들의 미국 법이 서로 다르지 않도록 하기 위해 우리가 나설 때다.

- 2013년 12월 17일, 노던버지니아 과학기술위원회

대법관들은 결코 틀리지 않아서 최종적인 것이 아니라, 다만 최종적이기 때문에 틀리지 않는 것이다.

　　　　　　　- 1995년 10월 22일, 윌리엄 렌퀴스트 대법원장에 대한 헌사

대법원은 정부의 다른 정치적 부branch. 정부를 구성하는 3부 중 사법부를 제외한 행정부와 입법부와 달리 순전히 반작용적인 기관이다. 어느 훌륭한 항소법원 판사가 말했듯이 연방법원 판사들은 큰불을 내지 않는다. 큰불을 끄기 위해 최선을 다할 뿐이다.

　　　　　　　- 2017년 2월 6일, 스탠퍼드대학교 의미 있는 삶에 대한 래스번 강연

정부의 3부 중에서 어느 부가 일을 가장 잘하는지 투표를 한다면, 우리가 국회를 크게 앞지를 것이다.

　　　　　　　- 2017년 7월 21일, 듀크대학교 로스쿨

활동가 판사란 무엇인가? 정치적 부가 통과시킨 법을 폐기하려는 기꺼운 마음을 기준으로 활동가 판사 여부를 판단한다면, 나는 아마도 현재 대법원에서 가장 삼가는 판사가 아닐까 싶다. 지금의 이 "보수적인" 법원은 너무도 많은 법을 헌법에 위배된다고 폐기하고 있기 때문이다.

　　　　　　　- 2016년 1월 28일, 브랜다이스대학교

판사가 입법자와 다른 점. 우리는 "원고가 이겨야 합니다" 혹은 "피고가 이겨야 합니다" 같은 말을 하지 않는다. 우리는 우리가 내리는 모든 결정에 근거를 제시해야 한다. 때로는 근거를 대는 과정에서 이렇게 말하기도 한다. "제가 맞는 걸까요? 이 문제를, 혹은 저 문제를 간과한 것은 아닐까요?" 자주는 아니지만 가끔씩 판사는 말한다. "제 의견이 틀렸습니다. 회의에서 제가 잘못 생각했습니다. 다른 입장이 맞는 것 같군요."

- 2009년 1월 1일, 〈시스팬C-SPAN〉

사법부는 지갑도 칼도 없기 때문에 가장 위험하지 않은 부라고 해밀턴은 말했다. 그러나 사법부에는 한 가지, 아니 두 가지가 있다. 바로 이성과 판단력이다. 그것이 정말로 중요했던 몇 번의 빛나는 순간이 있었다. 미국 공립학교에서의 인종 분리를 위헌으로 선고한 대법원의 1954년 결정을 생각해보라. …… 대법원은 군대를 가지고 있지 않지만 아이젠하워 대통령은 법원의 선고가 이행될 수 있도록 군대를 출동시켰다. 그렇게 법원의 선고는 이행되었다. 고난의 순간도 몇 차례 있었지만 대법원의 권한은 대개 이성과 판단력 그리고 사법부의 나머지 다른 가치 체계에 대한 인식에서 나온다.

- 1998년 2월 1일, 서던메소디스트대학교

구두변론은 매우 중요하다. …… 사건을 심리한 이후로 아홉 명의 대법관이 다 함께 모여 사건에 대해 생각하는 첫 순간이기 때문이다.

— 2014년 6월 27일, 국가법률지원 및 변호인협회 리더십 평가 오찬

몇 년 전에 재판 연구원으로 일하다 법대 교수가 된 사람이 있었는데 …… 그가 구두변론 때 웃음을 유발한 횟수로 판사들 순위를 매겼다. 그는 자신의 상사였던 나를 "말하는 판사 가운데 가장 웃기지 않은 판사"로 평가했다.

— 2012년 6월 15일, 미국헌법학회

사람들은 "변호인으로 일하던 시절이 그립지 않으세요?"라고 묻는다. 그러면 나는 미소를 띤 채 생각한다. 내 변론을 듣는 방청객은 매우 제한적이지만, 그래도 여전히 나는 스스로를 변호인으로 여긴다. 떠들썩한 반대 의견서를 쓰는 것보다 법정의 동의를 이끌어내는 게 더 좋다.

— 2004년 3월 12일, 코네티컷대학교 로스쿨

내 표가 사건을 결정하는 다섯 번째 표가 될 때면 기분이 꽤 좋다. 견해를 같이하는 대법관 네 명에 속해 있다가 의견서를 통해 다섯 번째 표를 얻을 때면 기분이 훨씬 더 좋다.

― 1994년 7월 27일, 제임스매디슨고등학교

사건을 논의할 때 투표 담합은 있을 수 없다. 이 사건에서 네가 내 편 되어주면 (다른 사건에서는) 내가 네 편 되어줄게, 같은 일은 없다. 그런 일은 절대, 결단코 일어나지 않는다.

― 2015년 6월 13일, 법률 및 정책을 위한 미국헌법학회 전국 대회

상대방의 입장을 고려하려는 마음, 자신의 견해를 재고하려는 마음은 합의체 법정에서 중요한 태도다. 똑똑하고 신망받는 동료가 나와 견해가 다르다면, 잠시 멈추고 다시 생각해야 할 것이다. 내가 맞을까? 우리가 의견을 같이할 수 있는 방법은 없을까? 법이 명확하기만 하다면 어떻게 해석해도 크게 상관없는 사건은 아닐까?

― 1993년 7월, 미 상원 법사위원회 인준 청문회

별도 의견서를 발표하려고 할 때 판사는 언제나 자문해야 한다. 이 반대 의견서가, 이 보충 의견서가 꼭 필요할까? 브라운 대 교육위원회 사건에서 대법원의 만장일치 판결이 얼마나 큰 추가적인 힘을 발휘했는지 생각해보라. 그 사건에서 대법관 아홉 명 전원은, 헌법은 미합중국 학교에서 법적으로 시행되는 인종 분리를 용인하지 않는다고 명시한 단일 의견서에 서명했다.

- 2009년 12월 17일, 워싱턴 D.C. 하버드클럽

복잡한 내국세입법 조항에 대한 해석은, 비록 동의하지는 않지만 반대 의견을 땅에 묻고—우리들은 무덤 속 반대라고 부른다—다수 의견과 함께 가겠다고 결심한 가장 대표적인 예라고 할 수 있다. 그러나 중요한 문제가 걸린 사건이라면 …… 나는 내 길을 가겠다. 이를테면 표현과 언론의 자유, 젠더 평등에 관련된 문제라면 절대 타협하지 않을 것이다.

- 2017년 7월 21일, 듀크대학교 로스쿨

내가 제시한 반대 의견 대부분이 언젠가는 법이 되리라 믿는다.

- 2015년 2월 6일, 인간의 가치에 대한
태너 강연Tanner Lecture on Human Values

만장일치 의견의 가치를 인정하지만, 중요한 문제가 위태로울 때에는 계속해서 반대 의견을 낼 것이다.

- 2009년 12월 17일, 워싱턴 D.C. 하버드클럽

후세를 위해 (반대 의견서를) 쓰는 것이며, 시간이 흘러 법원이 같은 관점으로 바라보기를 바란다.

- 2017년 5월 24일, 아스펜 와이 펠로 토론회Aspen Wye Fellows Discussion

대법원이 제출하는 것은 대법관들의 의견이기 때문에 오직 나만을 위해 판결문을 쓰는 것이 아니다. 법관 전원을 대변한다면 좋겠지만, 그렇지 않다면 적어도 대다수 법관을 대변해 의견서를 쓰는 것이다. 그래서 법관들의 생각을 고려해야 한다.

- 2009년 7월 1일, 〈시스팬〉

과한 여담이나 미사여구 없이, 또 의견이 다른 동료들에 대한 산만한 비난 없이 올바른 동시에 단단한 의견을 내는 것이 한결같은 나의 목표다.

- 1994년 5월 19일, 미국법률협회

합치된 의견은 지루하기 쉽다. 불합치는 흥미를 끈다. 판사들 사이의 합치도가 높은 사건에 대해 언론이 거의 보도하지 않는 까닭이다.

- 2017년 5월 23일, 미국법률협회

반드시 정당 성향으로 나뉜다고는 말할 수 없다. 내가 대법관으로 재직한 24년 동안 가장 '진보적인' 판사였던 두 분, 존 폴 스티븐스 대법관과 데이비드 수터 대법관은 모두 …… 공화당 당원이었다.

- 2017년 7월 21일, 듀크대학교 로스쿨

누가 선거 자금을 많이 모으느냐에 따라 선거 결과가 달라지는 걸 막을 수 있는 기회가 대법원에 있었다는 점에서, 시티즌스 유나이티드 대 연방선거관리위원회 사건이 사건의 대법원 판결로 선거 자금 기부 상한선이 철폐되었다*은 (최근 사건 중에서) 가장 중요한 사건이 아니었을까 싶다. 그 기회는 날아가고 말았다. …… 언젠가 그 결정이 뒤집히는 날이 오기를 기대한다.

- 2013년 2월 8일, 토머스제퍼슨 로스쿨 여성과 법률 콘퍼런스

---

* 「연보 및 주요 사건」 2010년 '시티즌스 유나이티드 대 연방선거관리위원회' 참고 (본문183쪽)

언젠가 선거 자금을 규제하는 날이 오기를 진심으로 고대한다. 그날이 살아생전에 오기를 바라지만 해가 거듭할수록 대규모 선거 자금 모금 운동의 폐해가 커지는 터라, 선거 자금을 기부하고 입법자—그 기부가 없었더라면 존재하지 않았을—에게 접근할 수 있는 날이 곧 오지 않을까 우려스럽다.

- 2014년 9월 16일, 미네소타대학교 로스쿨

내게 가장 어려운 사건은—꼭 법적으로 가장 복잡하지는 않다—사형 사건이다. 그래서 나는 그 사건의 일부가 되려고, 삶과 죽음 사이의 마지막 단계에 서보려고 부단히 노력한다.

- 2017년 5월 24일, 아스펜 와이 펠로 토론회

어려운 결정을 내려야 했다. 브레넌 대법관과 마셜Thurgood Marshall 대법관처럼 나도 "이 문제에서 손을 뗍니다. 모든 사건에서 사형은 위헌이라고 말하는 바입니다. 이상입니다"라고 말할 수 있었다. 그러나 그렇게 한다면 지금 일어나는 일에 어떤 목소리도 낼 수 없을 것이다. 상황을 더 좋은 방향으로 가져가지도 못할 것이다.

- 2011년 9월 15일, 캘리포니아대학교 헤이스팅스 로스쿨

작년에 내가 퇴임했어야 한다고 말했던 몇 사람, 특히 학자들에게 내가 물었다. "나 말고 대법원에서 봤으면 하는 사람 중에 대통령이 지명해 상원을 통과할 것 같은 사람이 과연 있습니까?" 이 질문에 아무도 대답을 하지 못했다.

- 2014년 9월 28일, 〈뉴리퍼블릭〉

도널드 트럼프가 대통령이 된다면 이곳이 어떻게 될지 상상할 수 없다. 이 나라가 어떻게 될지 상상조차 할 수 없다. 나라에는 4년일 수 있다. 법원에는―생각하고 싶지도 않다.

- 2016년 7월 10일, 〈뉴욕타임스〉

믿을 만한 소식통에 의하면 대법원의 의견이 현실 세계에 어떤 영향을 미치는지를 설명하는 "실질적 효과" 부분이 의견서에 추가되기를 기자들이 바란다고 한다. 그러나 기자들도 알다시피 그것은 희망 사항에 불과하다. 판례법은 대체로 그렇게 작동하지 않기 때문이다. 보통법 판결 제도에서 "한두 개의 사건에 근거하여" 문제를 완전히 해결하기는 힘들다. 문제 해결을 위해서는 일반적으로 연방정부의 다른 부들과 주 정부, 민간단체의 반응과 대화를 지속적으로 이끌어내면서 "더 면밀한 이해"가 필요한 법이다.

- 1997년 8월 22일, 로욜라대학교 시카고캠퍼스 로스쿨

미네소타 대법원의 진 코인 판사가 남긴 명언처럼, 나이 지긋한 현명한 남성과 여성이 결국 같은 결론에 도달한다는 것은 사실이다. 그러나 다른 인종과 민족 구성원들처럼 여성들도, 제5재판구 연방항소법원의 고故 앨빈 루빈 판사의 표현대로 "제각기 다른 생물학적 문화적 특성과 삶의 경험으로부터 영향 받은 독특하고 다양한 견해"에 기여한다는 것 역시 사실이다. 우리의 법체계가 판사들의 다양한 배경과 경험으로 한층 풍요로워진다는 것은 분명한 사실이다.

– 2006년 8월 11일, 미국사회학회 연례 총회

여성과 법

오코너Sandra Day O'Connor. 미국 최초의 연방대법원 여성 대법관 대법관과 내
가 자랄 때 대부분의 남성 판사와 변호사 들은 프랑스인들이 "이
데 픽스idée fixe"라고 부른 것, 곧 여성과 법학은 어울리지 않는다
는 확신을 가지고 있었다. 그것이 진실은 아니라는 것은 아주 오
래된 글에도 나온다. 그리스신화에서 팔라스 아테나는 이성과
정의의 여신으로 추앙받았다. 아가멤논이 딸 이피게네이아를 제
물로 바치면서 시작된 폭력의 고리를 끊으려고 아테나는 오레스
테스를 심판하는 법정을 열어 복수 대신 법의 지배를 실현했다.
또한 성경 속 인물 드보라를 생각해보라. 그녀는 예언자인 동시
에 심판관이고 군 지휘자였다. 이렇게 3개의 영역에서 권한을 가
진 자는 다른 두 명의 이스라엘 남자, 모세와 사무엘뿐이었다.

— 2003년 10월 23일, 필라델피아변호사협회 분기 총회

성공한 남성 법률가들이 문을 여는 데 왜 그렇게 오래 걸렸을까?
전통이 주요 원인이었다. 대부분의 미국 역사 동안 "여성"과 "법
률가"의 개념은 양립 불가능한 것으로 여겨졌다. 1920년까지 내
세운 이유는 선거권도 입법 발언권도 없는 시민은 법을 집행하
고 시행하고 해석하는 일에 관여할 수 없다는 것이었다.

— 1978년 11월 2일, 퓨젓사운드대학교 로스쿨

(플로렌스 앨런이) 차석으로 학년을 마치자 동기들은 "남자 같은 예민한 지성"을 가졌다는 둥 "남자처럼" 사고한다는 둥 그녀를 칭찬했다. 앨런 자신은 생각이 달랐다. "똑똑한 여성들이 법정에서 자신들의 역할과 책임을 인식할 때, 법 집행을 위한 강력한 도덕적 지원이 확보될 것"이라고 그녀는 말했다.

- 1995년 10월 7일, 미국여성법관협회

주 대법원 최초의 여성 대법관인 플로렌스 앨런에 대해

내가 자랄 때는 여자아이가 장래희망으로 꿈꿀 수 있는 것에 제약이 많았다. 경찰관도 소방관도 광부도 될 수 없었고 밤에 일할 수도 없었다. 이렇게 제약이 많았다. 여성 변호사는 극소수라서 전체 변호사의 3퍼센트가 될까 말까 했고 여성 판사는 더 적었다. 생계를 꾸리려면 선생님이 되는 편이 나았기 때문에 나는 변호사는 물론이고 판사가 될 생각은 꿈도 꾸지 못했다.

- 2014년 4월 17일, 〈캘브리포트The Kalb Report〉

교재로 널리 사용된 1968년판 재산법 판례집에는 다음과 같은 희극적인 문장이 실려 있었다. "땅은 여자와 마찬가지로 소유의 대상이다." 지금은 아득한 시절이 된 그때로부터 우리는 먼 길을 왔다.

- 2002년, 〈예일대학교 법과 페미니즘 저널〉 서문

1950년대와 1960년대에 로스쿨에 도전한 소수의 여성들은 남성들에게 심각한 위협이 (혹은 경쟁 상대가) 되지 못한다는 것이 일반적인 생각이었다. 남학생들의 베트남전쟁 징집과 동시에 여학생들의 로스쿨 입학률이 증가한다고 교수들이 우려를 표하자, 1971년 미국로스쿨협회 총회에서 한 저명한 교수가 걱정할 것 없다면서 다음처럼 말했다. "약한 남자에 불과하지, 로스쿨 여학생들이 결국 뭐겠습니까."

- 2006년 8월 11일, 미국사회학회 연례 총회

고용주들은 "우리 사무실에 여성 변호사는 필요 없습니다"라거나 "여성 변호사를 한번 써봤는데 최악이었어요"라고 대놓고 말했다. 그래서 나의 대답은? "일 못하는 남성 변호사를 몇 명이나 쓰고 계시죠?"였다.

- 2016년 9월 7일, 조지타운대학교 법률센터

15세 때의 긴즈버그, 체나와 랍비 캠프에서

나는 대단히 적극적인 사람은 아니지만, 오백 명 남짓한 정원에 여학생이 아홉 명인 로스쿨에 입학했다. …… 우리는 교실에서 질문을 받으면 잘해야 한다고 느꼈다. 대답을 제대로 못하면 유급할 것이기 때문이었다. 우리 스스로도 그랬지만, 교수들은 이렇게 말하곤 했다. "아, 로스쿨 여학생들이 다 그렇지요, 뭐." 그래서 우리는 주목을 받는 일에 익숙해졌다. 여성들도 법률가로 성공할 모든 자질을 갖췄음을 남학생과 교수 들에게 일깨워주는 걸 우리는 일종의 책임으로 받아들였다.

- 2010년 4월 8일, 조지타운대학교 법률센터

내 남편은 로스쿨 교수였는데 자원봉사자를 찾을 때면 꼭 남학생들의 손이 먼저 올라갔다. 동료 교수 가운데 한 분이 남편에게 충고했다. "손을 가장 먼저 든 학생을 지목하지 마세요. 잠시 기다리면 손을 드는 여학생이 있을 겁니다." 이 발언의 진의는 남자는 깊이 생각하지 않고 말하는 반면 여자는 말하기 전에 생각한다는 것이다.

- 2016년 2월 2일, 유럽대학교 연구소

재학 기간 중에 뚜렷이 의식하지는 못했지만 1950년대 로스쿨에는 분명 여성들을 향한 냉랭한 기운이 감돌았다. 당시에는 충분히 예견할 만하고 당연하기까지 한 상황이었다. 불의에 대한 자각이 싹튼 것은 몇 년 후 1960년대의 민권운동에 크게 영향 받은 젊은 여성들이 학교 정문의 표지판 문구가 틀렸다고 지적하고 나서였다. "이상하고 특이한 존재도 환영합니다"라는 문구를 "법은 남성을 필요로 하듯 여성도 필요로 합니다"로 변경해야 한다는 것이었다.

– 1978년 11월 2일, 퓨젓사운드대학교 로스쿨

1959년에 컬럼비아대 로스쿨을 졸업했을 때 뉴욕의 로펌 중에서 나를 고용하려고 한 곳은 단 한 군데도 없었다. …… 나는 세 가지 이유로 탈락이었다. 유대인이고 여자인 데다 엄마였다. 첫 번째 이유는 한쪽 눈썹을 치켜세우게 했고, 두 번째 이유는 양쪽 눈썹을 다 치켜세우게 했으며, 세 번째 이유는 볼 것도 없이 나를 탈락시켰다.

– 1993년 10월 7일, 하버드대학교

(샌드라 데이 오코너는) "성차별이 없는 시대에 성장했더라면 루스와 나는 거대 로펌의 파트너 변호사로 은퇴했을 것이다"라고 말했다.

– 2016년 10월 9일, 〈CBS 선데이모닝〉

내가 …… 처음 교단에 섰을 때 로스쿨에 재직 중인 여성 교수의 숫자는 한 손으로 헤아릴 정도였다. 당시 항소법원급 법원에는 여성 판사가 한 명도 없었다. 정말이지 단 한 명도 없었다.

- 1986년 3월 28일, 〈시스팬〉

지미 카터 정권이 들어서기 전까지는 연방법원에 여성 법관이 거의 없었다. …… 지미 카터 대통령은 연방법원 판사의 면면을 훑어보더니 "모두 나와 같군요"라고 말했다. 하지만 위대한 미국은 그렇게 구성되지 않았다.

- 2015년 6월 13일, 법률 및 정책을 위한 미국헌법학회 전국 대회

미국 연방대법원의 혁신적 사건은 공화당원으로 나고 자라 애리조나 상원 …… 다수당 원내 대표를 지낸 샌드라 데이 오코너가 대법관으로 임명된 것이다. 그러나 우리 둘은 여성의 기회와 관련된 모든 사건에서 놀라울 만큼 비슷하게 투표했다.

- 2014년 3월 16일, 국립여성예술가 미술관

적어도 사회 인적자원의 절반을 차지하는 여성들이 마치 한 번에 한 명씩 무대에 서는 공연자들처럼 고위직에 올라가는 시대의 종말에 일조한다는 점에서 (대통령이 나를 대법관으로) 지명한 것은 의미 있는 일이라고 생각한다.

— 1993년 6월 14일, 대법관 지명 수락 연설

어머니가 두 번째 여성 대법관으로 임명된 것에 대해 어떻게 생각하느냐는 질문을 딸아이가 이따금 받는 모양이다. 그러면 딸아이는 내가 하듯 이렇게 대답한다. "좋지요. 하지만 우리나라 법원 곳곳에 여성 법관이 더 많이 생겨서 숫자를 세지 않게 된다면 더 좋을 것 같아요."

— 1994년 5월 24일, 여성변호사협회 컬럼비아 특별구 지구

진국여성판사협회에서—예지력이 상당한 것으로 판명되었는데—대법관 임명을 축하해 법원에서 조촐한 기념행사를 열어주었다. 협회 측에서 샌드라와 내게 티셔츠를 선물했다. 샌드라 티셔츠에는 '나는 루스가 아닌 샌드라입니다'가, 내 티셔츠에는 '나는 샌드라가 아닌 루스입니다'라는 문구가 적혀 있었다.

— 2001년 5월 15일, 〈오, 오프라 매거진〉

다른 동료 판사 의견서에는 없는 어떤 비결이 오코너 판사와 내 의견서에는 숨어 있다. 그것은 우리가 논쟁에 충실하다는 것이다. 우리 의견서에는 동료나 하급법원 판사를 비난하는 것과 같은 허투루 낭비하는 말이 한마디도 없다.

- 2008년 3월 7일, 전국헌법센터

대법원에서 가장 힘들었을 때는 샌드라 데이 오코너 판사가 은퇴하고 나 혼자 남았을 때였다. 작은 체구의 여자 하나에 몸피 좋은 남자 여덟이 있는 건 옳지 않아 보였다. 대중의 생각은 틀렸다. 지금 우리는 세 명으로, 전체 대법관의 3분의 1을 차지하니 말이다.

- 2017년 7월 20일, 세계사법정의포럼 기조 대담

여성은 결정이 이루어지는 모든 장소의 일원이다. 그렇다고 (성비가) 50대 50이 되어야 한다는 말은 아니다. 남성이 60퍼센트, 여성이 40퍼센트일 수도 있고 그 반대일 수도 있다. 하지만 여성이 제외되는 것은 있을 수 없는 일이다.

- 2009년 5월, 〈USA 투데이〉

남성 법률가만큼 많은 여성 법률가가 뛰어난 자질에 근거해 대법관으로 지명되는 날이 살아생전에 오기를 바란다. 그 전망은 희망의 이유이고, 그 실현은 축하의 이유가 될 것이다.

— 1993년 8월 10일, 대법관 취임 선서문

오늘날 미국 로스쿨 재학생의 절반가량이 여성이고 연방대법관 세 명을 비롯하여 연방법원 판사의 3분의 1 이상이 여성이다. 미국 로스쿨 원장의 30퍼센트 이상이 여성이고, 〈포춘〉 선정 500대 기업의 24퍼센트가량이 여성 고문 변호사를 두고 있다. 긴 생애 동안 엄청난 변화를 목도한 셈이다.

— 2016년 10월 1일, 〈뉴욕타임스〉

여성 법률가들이 대법원에 제소된 온갖 종류의 사건에서 의견을 다투는 모습은 언제 봐도 좋다. 알다시피 얼마 전까지만 해도 여성은 가족법이나 세법 같은 특정 분야만 다룬다고 여겨졌고, 더욱이 여성 검사나 변호사 자체가 매우 드물었다. 하지만 이제는 여성 변호인을 내세우는 사건을 셀 수도 없을 정도다. 요즘에는 여성 변호인들이 양측을 대리하여 변론하는 모습을 심심치 않게 볼 수 있다.

— 1994년 5월 11일, 대법원에서 8학년과의 질의응답 중

왼쪽부터 샌드라 데이 오코너 전 대법관.
소니아 소토마요르, 긴즈버그, 엘리나 케이건 대법관

때로 사람들은 내게 묻는다. "자, 이제 여성 대법관이 세 명입니다. 미국 연방대법원에 여성 대법관이 몇 명 있어야 충분하다고 보십니까?" 그러면 나는 속으로 생각한다. 아홉 명이 될 때라고[이 발언 뒤에 긴즈버그는 "이렇게 대답하면 사람들이 의아해하지만, 대법원이 대법관 9인 체제가 된 이후로 오랫동안 대법관 아홉 명이 모두 남성이었다. 여성 대법관이 아홉 명이 되지 말란 법이 있는가?"라고 덧붙인다.]

– 2016년 9월 7일, 조지타운대학교 법률센터

여성도 한 분야의 전문가가 되는 데 필요한 시간만큼 투자해 노력한다면, 원하는 모든 법 분야에서 최고가 될 수 있다. 문이 활짝 열린 지금, 여성은 자신이 느끼는 대로 …… 가장 준비가 잘 된 분야를 선택하면 된다.

– 2017년 4월 27일, 조지타운대학교

미시간대학교 로스쿨 졸업생 중에 아이가 있는 여성 변호사의 만족도가 가장 높다는 …… 동 대학교의 최근 조사 결과에 얼마나 기분이 좋은지 모른다. 조사 결과에 의하면 그들은 힘들긴 하지만 동시에 만족스럽다고 했다. 그들은 가정도 즐기고 일도 즐긴다. 각각의 영역에서 모두 스트레스를 받지만 또 그만큼 다른 영역에서 위안을 얻는다고 했다.

– 1994년 9월 22일, 캘리포니아 여성변호사협회

귀에 거슬리는 불협화음이 …… 있다. 자신이 믿는 페미니즘을 단 하나의 진실한 페미니즘으로 여기고 타인의 기여를 인정하기는커녕 폄하하는 경향이 그것이다. 이런 위험한 경향을 통제할 수 있다면, 이미 일차적으로 지적 사업intellectual enterprise이 된 페미니즘의 법 이론은 축하할 만한 일이 될 것이다.

– 1988년 10월, 시카고대학교 법률포럼 심포지엄

아직도 가야 할 길이 멀지만, 토머스 제퍼슨 대통령이 국무 장관에게 다음처럼 말한 날로부터 우리는 먼 길을 왔다. "여성을 공직에 기용하는 것은 국민이 아직 받아들일 수 없는 혁신입니다." 제퍼슨은 덧붙였다. "받아들일 수 없기는 나도 마찬가지입니다."

– 1994년 5월 24일, 여성변호사협회 컬럼비아 특별구 지구

"여성의 권리"라는
표현은 다소 문제가
있다. 인간의 권리다.
법의 평등한 보호를
받을 모든 인간의
권리다.

대법관 지명 행사에서, 백악관 로즈가든(1993)
© U. S. National Archives and Records Administration

시민의 자유 - 자유롭게 너와 내가 되자

미국의 권리와 가치

우리 아버지는 구세계의 여건이 여의치 않자 이곳으로 건너와 생계를 꾸리며 가족을 부양했는데, 그 수혜자가 바로 나다. 내게 는 그것이 미국이다.

- 2017년 2월 23일, 조지워싱턴대학교

뉴욕 가먼트 지구에서 일하는 경리와 대법관의 차이는 무엇일까? 내 삶이 증언하기를 한 세대 전에 그것은, 경리였던 우리 어머니가 누릴 수 있었던 기회와 내가 누릴 수 있는 기회 사이의 차이였다. 그런 일이 미국 말고 또 어디에서 가능하겠는가?

- 2004년 8월 22일, 미국 유대교 350주년 기념 투로 시너고그 축하식

아메리칸드림을 …… 어떻게 정의할 수 있을까? 모두가 다 비슷하게 생긴 스웨덴에서 몇 달을 지내다 미국으로 돌아와 뉴욕 지하철을 탄 순간만큼 아메리칸드림을 정확하게 포착한 시간이 있을까 싶다. 지하철에서 보니 놀랍도록 다양한 사람들이 있었다. 우리의 신조는 "에 플루리부스 우눔E Pluribus Unum" 곧 "여럿으로 이루어진 하나"이고, 그 핵심은 서로의 다름을 용인하고 더 나아가 인정하면서 끝까지 힘을 합치는 것이다.

- 2010년 8월 17일, 성과 아카데미Academy of Achievement 인터뷰

내가 과거를 가혹하게 평가하지 않는 까닭은 과거의 인식이 오늘과 같을 수 없기 때문이다. 그럼에도 미국의 주요 기조, 즉 미국은 모든 사람을 환영하고 모든 종교와 신념을 존중한다는 그 근본적 가치가 영원히 살아남아 힘을 발휘하기를 바란다.

- 2013년 7월 10일, 내셔널프레스클럽

공포의 시대에 자유와 해방을 지키는 일은 언제나 어렵다. 우리도 그 과정에서 몇 번의 끔찍한 실수를 저질렀다. 제2차 세계대전 중에 태평양 연안에 거주하던 일본계 미국인들에게 저지른 만행을 생각해보라. 그 실수로부터 우리는 다시는 그런 실수를 저지르지 않겠다는 교훈을 배운다. …… 물론 안보는 중요한 것이지만 개인의 권리 또한 존중되어야 한다. 그렇지 않다면 우리가 맞서 싸우는 힘과 무엇이 다르겠는가.

- 2012년 9월 19일, 콜로라도대학교 로스쿨

고난의 시기, 억압적인 사회에서 우리는 인류애에 힘입어 우리의 약점이 아닌 강점—정치 지도자를 섬기기 위해 타인의 인격과 존엄성을 부인하는 법과 행정 결정을 집행하는 일이 없도록 인간으로서의 품위를 지킬 수 있는 힘—을 보아야 한다.

- 1995년 5월 4일, 미국유대인위원회

우리 형제들이 베르겐·벨젠을 비롯한 나치 강제수용소에서 느꼈던 공포를 결코 잊어서는 안 된다. 또한 정의로운 사람에게 증오와 편견은 좋은 심심풀이도, 걸맞은 친구도 아님을 이해하려고 부단히 노력해야 한다.

- 1946년 6월 21일, 이스트미드우드 유대인센터 회보

히틀러의 유럽, 히틀러의 홀로코스트 왕국이 무법 지대가 아니었음을 슬픔 속에서 기억해야 한다. 오히려 그곳은 고등교육을 받은 사람들—교사, 변호사, 판사—이 억압과 속박, 대량 학살을 자행하려고 법을 효과적으로 활용한, 법이 넘쳐나는 왕국이었다. 서구 역사상 가장 부당한 정권을 향해, 그리고 홀로코스트 왕국이 인류에게 저지른 범죄를 목도하거나 인지했음에도 그대로 방치한 다른 나라, 심지어 미국의 선량한 남녀를 향해 우리는 한자리에 모여 큰 소리로 외친다. "두 번 다시는 안 된다"라고.

— 2004년 4월 22일, 홀로코스트 희생자 추모의 날 국가 기념식

지금 세상에는 환한 빛이 넘쳐나지만 깜깜한 어둠—무지와 증오가 낳은 비인간성—또한 상존한다. 우리는 중동과 아프리카 일부 지역, 우크라이나에서 그 끔찍한 예를 목도한다. …… 비전과 행동으로 무장한 채 뜻을 같이하는 사람들과 손을 맞잡고 불을 밝혀 이 무참한 어둠에서 벗어나야 한다.

— 2015년 3월 18일, 미국유대인세계봉사회 누리집

나는 (결국) 낙천적인 사람이다. 미국의 진정한 상징은 흰머리 독수리가 아니라 진자라고 어느 위인이 말했다. 진자가 한 방향으로 너무 멀리 움직이면 되돌아오게 마련이다. 지금 미국에서 끔찍한 일들이 벌어지고 있지만 거기에서 무언가를 배울 수 있기를 바랄 뿐이다.

- 2017년 2월 23일, 〈BBC 뉴스나이트〉

이집트에서 탈출한 우리 조상과 달리 기적적인 사건이 우리의 앞길을 열어줄 것 같지는 않다. 편견과 억압이라는 물을 빼내려고 할 때 우리는 우리가 만들어낸 수단—법률의 지혜, 제도의 품격, 이성적 사고, 공감적 배려—에 기대야 한다. 앞으로 계속 나아가고자 하는 항구적 자극으로서, 이 세상에서 영원히 추방해야 할 악에 대한 우리의 생생한 기억에도 또한 기대야 한다. 보다 정의로운 세상을 향한 기나긴 투쟁 속에서 우리의 기억은 가장 강력한 무기 가운데 하나다.

- 2004년 4월 22일, 홀로코스트 희생자 추모의 날 국가 기념식

거짓과 싸우는 길은 진실을 내세우는 것이라고 어느 위대한 법률가가 말했다. 그래서 누군가 거짓을 말할 때 관심을 기울이는 사람은 "아니요, 그렇지 않습니다. 사실이 아니에요. 사실은—그것이 무엇이든 간에—바로 이렇습니다"라고 말할 것이다. 그런 까닭에 최선의 견제는 거짓을 퍼뜨리는 사람들에 맞서고 그들을 비난하는 것이다.

- 2017년 2월 16일, 하와이대학교 마노아캠퍼스

정부를 견제하는 파수꾼으로서 언론은 매우 중요한 역할을 해왔다. 언론은 정부가 선을 넘지 않도록 해준다. 선을 넘으면 세간의 관심이 집중되기 때문이다. 사실 언론이 도를 지나칠 때도 있다는 건 맞는 말이지만, 양자택일을 해야 한다면 그것을 용인하는 편이 낫겠다.

- 2014년 4월 17일, 〈캘브리포트〉

1930년대 노령유족연금 법안이 그랬던 것처럼 지금 의료보험 법안은 국가적 관심사다.

  – 2012년 6월 28일, 전국자영업자연합 대 시벨리어스 사건* 보충 의견서

부담적정보험법(이른바 오바마케어로 불리는 환자보호 및

부담적정보험법Patient Protection and Affordable Care Act)에 대해

더욱이 시간이 흐르면 지금은 젊고 건강한 세대가 사회에서 늙고 병약한 세대가 될 것이다. 생애를 통틀어 생각하면 비용과 혜택은 동등하다. 현재 합당한 몫보다 더 많이 지불하는 젊은 세대는 고령자가 되었을 때 합당한 몫보다 더 적게 지불하게 될 것이다.

  – 2012년 6월 28일, 전국자영업자연합 대 시벨리어스 사건 보충 의견서

부담적정보험법에 대해

---

* 「연보 및 주요 사건」 2012년 '전국자영업자연합 대 시벨리어스' 참고(본문 185쪽)

법원이 "상이한 종교적 주장의 상대적 장점이나 …… 주창된 종교적 믿음의 진실성을 평가하지 않는"것은 매우 중요하다고 본다. 어떤 종교적 주장을 인정하면서 다른 종교적 주장을 수용할 가치가 없다고 여기는 것은 "타 종교에 비해 한 종교를 편애하는 것으로 인식될 수" 있다. 바로 "그 위험을 막고자 국교금지조항 Establishment Clause이 제정되었다."

> ─ 2014년 6월 30일, 버웰 대 하비로비 사건* 반대 의견서
> 기업이 종교적 이유로 피임 비용을 건강보험 보장 항목에서
> 제외하는 것을 허용한 대법원 판결에 대해

종교 단체는 신자들의 이익을 도모하기 위해 존재한다. 영리를 추구하는 기업은 그렇지 않다. 기업 운영을 담당하는 직원들은 특정한 종교적 공동체로부터 선발되지 않는다. 종교에 근거한 그 어떤 기준으로도 영리기업의 인력 구성을 제한할 수 없다고 법은 규정한다.

> ─ 2014년 6월 30일, 버웰 대 하비로비 사건 반대 의견서
> 기업이 종교적 이유로 피임 비용을 건강보험 보장 항목에서
> 제외하는 것을 허용한 대법원 판결에 대해

---

* 「연보 및 주요 사건」 2014년 '버웰 대 하비로비' 참고(본문 188쪽)

사람들은 말한다. "굳이 투표할 이유가 뭐야? 여긴 공화당 표밭이고 저긴 민주당 표밭인데 내 표가 무슨 소용이 있겠어?" 민주주의에 바람직하지 않은 태도다.

– 2017년 9월 26일, 뉴욕 92번가 Y

게리맨더링(특정 정당에 유리하게 선거구를 변경하는 일)에 대해

법 앞에 평등한 정의

출생 신분이 사람을 대하는 태도에 영향을 미쳐서는 안 된다. 특정 종교를 믿는 특정 집안에서 특정 인종으로 태어났다는 것은 그 사람의 역량이나 사회에 대한 기여도와는 무관한 특성이다.

－ 1993년 7월, 미 상원 법사위원회 인준 청문회

우리는 제2차 세계대전에서 끔찍한 인종주의의 한 형태와 맞서 싸웠다. 그러나 거의 전쟁 내내 우리 군대는 인종으로 나뉘어져 있었다. 미국의 아파르트헤이트는 제2차 세계대전 이후 사라졌어야 했다. 우리가 외국에 나가 맞서 싸웠던 대상은 미국에 존재하는 것과 같은 인종주의였기 때문이다.

－ 2011년 9월 15일, 캘리포니아대학교 헤이스팅스 로스쿨

언젠가 주말여행에서 돌아오던 때의 일이다. 펜실베이니아를 지나오는데, 오늘날의 비앤비 같은 숙박 시설 바깥에 "개와 유대인 사절"이라고 적힌 표지판이 서 있었다. 난생처음 보는 광경이었다. …… 미국에서 나고 자란 걸 자랑스러워한 나로서는 참담한 일이었다.

－ 2004년 9월 2일, 〈온리 인 아메리카〉(미국의 유대교 라디오 프로그램)

차별을 겪어본 사람은 타인이 겪는 차별에 공감하기 쉽다. 개인적 능력이나 사회에 대한 기여도와는 전혀 관계없는 이유로 불이익을 받는다는 게 어떤 것인지 잘 알기 때문이다.

— 1993년 7월, 미 상원 법사위원회 인준 청문회

우리가 좋아하지 않는 사람이라고 그들을 보호하지 않는다면 우리 자신에 대한 보호도 잃게 될 것이다. 수정헌법 제4조에 "좋은 사람은 수색할 수 없지만 나쁜 사람은 수색할 수 있다"라는 문구는 없다.

— 2014년 10월 23일, 아스펜 연구소 소크라테스 프로그램

오늘 대법원은 수정헌법 제4조에 명시된 영장주의를 마약 사건에서 일상적으로 무시할 수 있는 길을 경찰에 열어주었다. 영장을 발급받을 시간이 충분한데도 경찰관들은 중립적인 치안 판사에게 증거를 제출하는 대신, 이제 문을 두드리고 기다렸다가 곧장 문을 부술 수 있게 되었다.

— 2011년 5월 16일, 켄터키 대 킹 사건* 반대 의견서

---

* 「연보 및 주요 사건」 2011년 '켄터키 대 킹' 참고(본문 184쪽)

무반성의 전통적인 사고 습관을 반영하는 의식적 무의식적 편견으로 장애물은 더욱 견고해진다. 장애물을 허물지 않고서는 평등한 기회 보장과 차별 금지는 미국의 진정한 법과 관습이 될 수 없다.

- 1995년 6월 12일, 애더랜드 건설 대 페냐 사건* 반대 의견서

특정 집단의 사람들에게 불이익을 주는 법이라면 의심을 가지고 지켜봐야 한다. 그 사람들이 입법이나 행정 결정 과정에서 비례적으로 대표되지 못하는 경우에는 특히 더 그렇다.

- 2017년 4월 27일, 조지타운대학교

민권법 제7장은 1965년 7월에 발효되었다. 고용주들은 민권법에 의거해 소수 인종을 "화이트" 직군에서 제외한 규정과 관습을 폐지했다. 그러나 인종에 따른 직업 구분을 없앤다고 곧장 평등한 기회가 보장된 것은 아니다. 노골적인 규제가 사라진 대신 더 정교한—때론 무의식적인—형태의 차별이 생겨났다.

- 2009년 6월 29일, 리치 대 더스테퍼노 사건** 반대 의견서

---

* 「연보 및 주요 사건」 1995년 '애더랜드 건설 대 페냐' 참고 (본문 176쪽)

** 「연보 및 주요 사건」 2009년 '리치 대 더스테퍼노' 참고 (본문 182쪽)

타 인종과의 결혼을 금지한 버지니아주 법을 위헌으로 판단한 …… 러빙 대 버지니아 사건에 이르러서야 우리는 헌법과 연방 대법원이 "백인 우월주의를 유지할 목적으로 고안된"그 어떤 조치도 지지하지 않는다고 분명히 말할 수 있게 되었다.

- 1995년 6월 12일, 애더랜드 건설 대 페냐 사건 반대 의견서

요술 지팡이를 흔들면서 과거의 유산이 청산되었다고 생각한다면 그 사람은 눈이 먼 것이다. 지역사회의 거주 양식을 생각해보라. 동일한 인종이 살아가는 공동체는 지금도 많다. 주 차원에서 인종 분리를 시행하던 때는 지나갔지만, 지리적 경계 때문에 인종 분리가 남아 있는 학교는 여전히 많다.

- 2015년 2월 16일, 〈레이철 매도 쇼〉

소수집단의 유권자를 보호하려는 사법부의 매서운 감시 노력
은 특수한 환경—다수 집단의 유권자들에게는 해당되지 않는 환
경—에 의해 정당화된다. 소수 인종은 오랜 역사에 걸쳐 정치에
서 배제되었기 때문에 입법 토론회에서 공정한 대의권을 위한
법 조항을 이끌어낼 힘이 없었다. …… 사법부의 면밀한 감시가
없었더라면 소수집단 유권자의 평등한 보호권은 실현되지 않았
을 것이다.

- 1995년 6월 29일, 밀러 대 존슨 사건* 반대 의견서

소수집단 유권자를 보호하도록 선거구를 조정하려는 시도에 대해

"투표권 차별은 여전히 존재한다. 의심의 여지가 없는 사실이다."
…… 그러나 오늘 대법원은 그 차별을 막는 데 최적인 것으로 입
증된 구제책을 없애버렸다. 1965년의 선거권법Voting Rights Act of 1965.
약칭은 VRA은 여타의 대책이 효과를 거두지 못하는 상황에서 투표
권 차별과 맞서는 데 크게 기여했다. 소수집단의 투표권에 대한
차별이 심한 것으로 알려진 지역에서 선거법을 수정하려고 할 때
연방의 사전 승인을 받도록 한 선거권법 조항은 특히 유효했다.

- 2013년 6월 25일, 셀비카운티 대 홀더 사건** 반대 의견서

---

    * 「연보 및 주요 사건」 1995년 '밀러 대 존슨' 참고(본문 176쪽)

  ** 「연보 및 주요 사건」 2013년 '셀비카운티 대 홀더' 참고(본문 187쪽)

차별적 변화를 막는 데 지금껏 일조했고 앞으로도 계속 그러할 텐데 (선거법 수정에 대한 연방의) 사전 승인 제도를 없애는 것은 폭풍우가 몰아칠 때 비에 젖지 않을 것이라면서 우산을 내던지는 것과 같다.

- 2013년 6월 25일, 셸비카운티 대 홀더 사건 반대 의견서

캘리포니아의 건물에 내진 설계가 더욱 필요한 것처럼, 인종에 따라 투표권 행사가 극명하게 갈리는 지역에서는 의도적인 인종 차별을 막기 위한 예방 조치가 더욱 필요하다.

- 2013년 6월 25일, 셸비카운티 대 홀더 사건 반대 의견서

역사적으로 혜택을 입은 인종 구성원 중 일부는 뿌리 깊은 인종 지배의 잔존 영향을 없애기 위해 고안된 만회 메커니즘 때문에 손해를 입을 수도 있다. 우선권이 과도하게 커서 타인의 기회를 부당하게 제한한다든지 역사적으로 혜택을 입은 집단 구성원의 정당한 기대를 가혹하게 방해한다든지 하는 일은 사법 심사를 통해 제어할 수 있다.

- 1995년 6월 12일, 애더랜드 건설 대 페냐 사건 반대 의견서

인종 억압이라는 오랜 역사의 흔적은 지금도 사회 곳곳에서 찾아볼 수 있다. …… 그 흔적을 서둘러 제거하려는 의지는 여전히 중요하다. 따라서 대학들이 소수 계층 학생의 입학을 유지함으로써 소수 계층 졸업생들에게 네트워크와 기회를 열어놓으려고 한다는 것은—대학들이 적극적 차별 시정 조치affirmative action를 활용해 그 과정을 공정하게 운영할 수 있건 없건 간에—논리적으로 예상할 수 있는 일이다. …… 그런 조치의 도움을 받을 수 없다면 고등교육기관은 위장술을 쓸지도 모른다. …… 정직이 최선이라면, 명확하게 기술된 데다 만인에게 공개된 미시간대학교의 적극적 차별 시정 조치 프로그램을 활용하는 것이, 슬쩍 눈짓을 보내고 고개를 까닥이는 등의 위장술을 써서 숫자를 비슷하게 유지하는 것보다 나은 일이다.

- 2003년 6월 23일, 그래츠 대 볼린저 사건* 반대 의견서
미시간대학교의 적극적 차별 시정 조치 정책이 민권법 제7장과
평등보호조항에 위배된다는 대법원 판결에 대해

＊ 「연보 및 주요 사건」 2003년 '그래츠 대 볼린저' 참고 (본문 179쪽)

주립대학교를 비롯한 정부 관계자들은 "명백히 차별적인 과거의" 잔존하는 영향과 "수세기 동안 지속된 법에 의한 불평등의 유산"에 눈을 감아서는 안 된다. …… 헌법적으로 허용된 선택지 중에서 "인종에 대한 고려를 솔직하게 드러내는 것이 숨기는 것보다 낫다"고 나는 여전히 확신한다.

> ― 2013년, 피셔 대 텍사스대학교 오스틴캠퍼스 사건* 반대 의견서
> 텍사스대학교의 적극적 차별 시정 조치 정책에 대해

동성애자들은 긴 세월 동안 정체를 숨기고 살면서 차별을 겪었지만, 그들이 한쪽 모퉁이나 벽장 속에 더 이상 숨지 않게 되었을 때 차별은 급속하게 무너지기 시작했다.

> ― 2015년 6월 13일, 법률 및 정책을 위한 미국헌법학회 전국 대회

그것은 젊은이들에게 문제가 안 된다. 최소한 내가 알고 있는 젊은이들은 그렇다. 전혀 문제가 안 된다. 누군가를 사랑하고 결혼하고 싶다면 상대가 동성인지 이성인지는 중요하지 않다.

> ― 2016년 2월 2일, 유럽대학교 연구소

---

* 「연보 및 주요 사건」 2013년 '피셔 대 텍사스대학교 오스틴캠퍼스' 참고 (본문 186쪽)

결혼이 제공하는 모든 혜택과 인센티브는 여전히 유효할 것이기 때문에 (동성 커플의 결혼을 허용함으로써) 이성 커플이 잃는 것은 아무것도 없다. 그들은 지금처럼 결혼에 대한 똑같은 인센티브와 결혼 생활이 주는 모든 혜택을 누릴 것이다.

– 2015년 4월 28일, 오버게펠 대 호지스 사건* 구두변론

아이를 가질 수 없는 많은 사람들도 텍사스의 축복 속에서 성관계를 가질 수 있다. …… 지난 시대에 그 경계선이 무엇을 의미했건 간에 성관계가 출산을 목적으로 하지 않으며, 출산을 목적으로 하지 않는다고 해서 도리에 어긋나는 게 아님은 자명한 사실이다. 그렇게 구분 지을 수는 없는 노릇이다.

– 2003년 3월 26일, 로런스 대 텍사스 사건** 구두변론
합의하에 가지는 동성 간 성관계를 불법으로 규정한 텍사스주 법률에 대해

서로 사랑하고 함께 살기를 원하는 사람들은 결혼 생활의 축복과 갈등을 즐길 수 있어야 한다는 주례사를 또다시 해야 할 것같다.

– 2013년 8월 30일, 〈워싱턴포스트〉
동성 결혼식을 주례하는 것에 대해

---

* 「연보 및 주요 사건」 2015년 '오버게펠 대 호지스' 참고 (본문 188쪽)

** 「연보 및 주요 사건」 2003년 '로런스 대 텍사스' 참고 (본문 180쪽)

대법원 앞에서 오버게펠 대 호지스 판결을 축하하는 시민들(2015)

불법 이민자들은 불행히도 법의 보호를 받지 못하고 착취의 위험에 무방비로 노출되기 쉽다. 그 결과 환영받는 이민자라면 결코 받지 않을 임금을 받고도 그들은 기꺼이 일한다. 이 문제에 대한 답은 의회가 쥐고 있는 것 같다. 열심히 일하고 세금을 내는 사람들, 그런 사람들에게는 시민권으로 이어지는 트랙 위에 올라설 기회가 주어져야 한다.

- 2013년 9월 15일, 〈테이크어웨이〉

미국 연방대법원의 웅장한 입구에는 "법 앞에 평등한 정의"라는 문구가 새겨져 있다. 그것은 야심 찬 이상이다. 법률가들의 노력에 힘입어 인종과 젠더, 그 외 출생 신분은 이제 더 이상 과거처럼 정의에의 접근을 막는 장애물이 되지 못한다. 그러나 빈곤층과 심지어 중산층까지 법정에 서려면 재정적 장애에 맞닥뜨린다는 것 역시 부정할 수 없는 사실이다. 그들은 지갑이 두둑하거나 정치적 배경이 든든한 사람들과 달리 안정적인 접근 수단을 향유하지 못한다.

- 2001년 4월 4일, 워싱턴대학교 로스쿨

여성 인권 운동의 역사

진정으로 위대하고 용감한 여성—수전 B. 앤서니, 엘리자베스 케이디 스탠턴둘 다 19세기 미국 여성 참정권 운동을 대표하는 인물이다—을 생각해보면, 이런 여성들에게는 몸을 싣고 넘을 만한 파도가 없었다. 우리에게는 그런 파도가 있다. 사회가 마침내 귀를 기울이는 시대가 도래한 것이다.

- 2000년 11월 15일, 뉴욕변호사협회

1837년에 …… 유명한 노예 폐지론자이자 양성평등주의자인 세라 그림케Sarah Grimke는 …… 우아한 목소리가 아닌 또랑또랑한 목소리로 말했다. "여성이라는 이유로 호의를 베풀어달라는 것이 아니다. 다만 내가 형제들에게 요구하는 것은 우리 목을 밟고 있는 그 발을 치우라는 것이다."

- 1973년 1월 17일, 프론티에로 대 리처드슨 사건* 구두변론

---

* 「연보 및 주요 사건」 1973년 '프론티에로 대 리처드슨' 참고(본문 172쪽)

1870년대 초반에 버지니아 마이너Virginia Minor라는 여자가 말했다. …… "나는 법의 평등한 보호를 받을 자격이 있는 사람이다. 자신을 대표할 사람을 뽑을 권리는 시민의 기본적 권리다. 그리하여 나는 사람이고 시민이므로 투표권이 있다." 이 사건에 대해 대법원은 다음처럼 답했다. "물론 당신은 사람이다. 그 사실을 한순간도 의심하지 않는다. 당신은 또한 시민이다. 그렇지만 아이들도 그렇다. 아이들에게 투표권이 있다고 생각할 사람이 누가 있겠는가?"

— 2014년 10월 23일, 아스펜 연구소 소크라테스 프로그램

내가 작은 성취나마 이룰 수 있었던 것은 내 앞에도, 내 뒤에도 여성운동가들이 있었기 때문이다. 폴리 머리Pauli Murray, 도로시 케니언Dorothy Kenyon 같은 분들은 내 앞에 있었던 여성운동가들이다. 그들은 1940년대와 50년대, 60년대의 페미니스트들이다. 희망이 없던 시절, 그들 덕분에 페미니즘은 살아남을 수 있었다.

— 1993년 9월 6일, 조지타운대학교 법률센터

세라 그림케

이렇게 말하는 사람들이 있었다. …… "다른 중요한 일이 많다. 여자들은 기다려야 한다. 인종차별이 근절될 때까지 기다려야 한다. 세계 평화를 이룰 때까지 기다려야 한다." 여자들은 늘 기다리라는 것이다.

- 2000년 11월 15일, 뉴욕변호사협회

1950년대와 60년대에는 여자가 말하면 다들 귀담아듣지 않는 분위기였다. 여자가 무슨 중요한 얘기를 하겠느냐는 것이다. 요즈음에는 좀 나아진 것 같다. 하지만 그런 현상은 여전히 존재하고 나만 겪은 특별한 경험도 아니다. 고위직 여성들과 대화를 나눠보니 그들도 똑같은 경험을 한 적이 있다고 했다.

- 2009년 7월 7일, 〈뉴욕타임스〉

여성 차별은 일상적인 일이라 참아야 한다고 생각했다. 달리 생각하게 된 것은 1962년과 63년 여름에 스웨덴에 있으면서였다. 생각이 바뀌는 데에는 스톡홀름 일간지에 칼럼을 기고하는 에바 모베리Eva Moberg라는 여성이 큰 몫을 했다. 칼럼의 요지는 이러했다. 왜 여자들은 두 가지 직업을 갖는데 남자들은 한 가지 직업만 갖는가? 당시 스웨덴은 미국보다 선진국이었고 맞벌이의 개념이 널리 받아들여졌다. 그럼에도 아이들을 치과에 데리고 가 정기검진을 받게 하고, 새 신발을 사서 신기고, 7시에 저녁상을 차리는 것은 여자들 몫이었다. 여자들은 그런 현실에 대해 활발히 토론했다. 남자들이 쓰레기를 내놓는 것만으로는 충분하지 않았다.

- 2005년 1월 31일, 듀크대학교 로스쿨

1960년대 후반에 되살아나 거세게 타오른 여성주의 운동은 여성의 바뀐 삶의 양식에 주목했다. 이렇게 사회 분위기가 바뀐 데에는 특히 두 가지 요소가 중요하게 작용했다. 즉, 가내에서 재배하거나 생산하는 음식과 상품이 사실상 없어졌고 효과적인 피임법이 등장한 것이다.

- 1977년 1월, 〈미국변호사협회 저널〉

1960년대 말에 여성주의 운동이 활기를 되찾았을 때 내가 얼마나 기뻐했는지 모른다. (젠더 차별에 맞서) 무언가를 할 수 있게 된 것이다. 그전에는 바람에 대고 말하는 격이었다.

- 2000년 11월 15일, 뉴욕변호사협회

내가 가르치는 학생들, 그들은 법과 여성에 대한 강좌를 원했다. 학생들의 요구에 응하기 위해 나는 도서관으로 갔다. 한 달에 걸쳐 젠더와 관련된 연방법원의 모든 판결문과 모든 법률 잡지 기사를 찾아 읽었다. 분명히 말하지만 그건 결코 쉬운 일이 아니었다. 왜냐하면 자료가 거의 없었기 때문이다.

- 2005년 1월 31일, 듀크대학교 로스쿨

1972년 초에 ACLU의 여성 인권 사업을 착수하는 데 힘을 보태고, (뉴저지주립대학교인) 럿거스에 이어 (뉴욕의) 컬럼비아대 로스쿨에서 세미나를 운영하면서 내가 지향한 바는 크게 세 가지였다. 즉, 대중의 이해를 증진함과 동시에 입법 변화를 도모하고 법리의 변화를 꾀하는 것이었다.

- 2006년 2월 10일, 남아프리카공화국 케이프타운대학교

럿거스대학교 교수로 재직하면서 어디에, 그러니까 어느 단체에 가입할지 고민하다가 내가 선택한 곳은 미국시민자유연맹, 곧 ACLU였다. 중요한 것은 여성 인권이 아니라 시민 인권이었기 때문이다. 여성뿐만 아니라 남성의 권리도 중요했다. 나는 그것을 양성의 평등한 시민권을 위한 투쟁이라고 불렀다. 우리가 제기한 많은 사건은 단지 남성이라는 이유로 불이익을 받는 남성들을 대변하는 것이었다.

－ 2016년 10월 10일, 〈찰리 로즈Charlie Rose〉(미국의 토크 쇼)

서굿 마셜 대법관과 그의 동료들은 인종차별의 치명적인 해악에 대해 미국 연방대법원을 차근차근 교육하려고 했다. 마찬가지 방식으로, 양성평등주의자들도 일련의 사건을 통해 성별에 따른 활동 영역을 명령 혹은 강화하는 법의 부당함에 대해 법원을 일깨우고자 했다.

－ 2006년 2월 7일, 남아프리카공화국 프리토리아대학교 인권센터

우리의 출발선은 인종차별에 맞서 법원의 도움을 구한 운동가들과 달랐다. 1960년대와 적어도 1970년대 초반의 판사와 의원 들은 성별에 따른 차별 대우를 해악으로 보기는커녕 여성을 위한 배려로 여겼다.

－ 2006년 2월 10일, 남아프리카공화국 케이프타운대학교

그림의 일부는 또한, 인종과 국적, 종교로 인한 차별은 금지하되 성별로 인한 차별은 금지하지 않는 민권법이다. 이를테면 젠더는 1964년 민권법의 공공시설조항에 포함되지 않았다. 의회는 '백인 전용 카페'는 폐쇄할 준비가 되어 있었던 반면 '남성 전용 식당'은 아직 폐쇄할 의사가 없었다.

- 1978년 봄, 〈법률 교육 최신 소식〉
평등권 수정헌법에 대해

어떤 점에서 1970년대 우리의 임무는 간단했다. 목표가 명확했기 때문이다. 미묘한 것이라곤 없었다. 주 정부와 연방정부의 법령집에는 당시 우리가 성별에 근거한 차이라고 부른 것들이 가득했다.

- 2006년 2월 10일, 남아프리카공화국 케이프타운대학교

경제적 측면에서 여성은 주 소득자가 아닌 푼돈을 버는 사람으로 인식되었다. 그 결과 여성은—블루칼라 노동자를 예로 들어보자—가족 의료보험을 공장에 신청해도 보험 혜택을 받을 수 없었다. 공장 측 답변은 이랬다. "남성만 가족 의료보험을 신청할 수 있다. 여성은 본인만 가능할 뿐 가족 의료보험은 신청할 수 없다."

- 2015년 2월 12일, 〈블룸버그〉

법은 여성이 일할 수 있는 최대 노동시간이나 하루 중 시간, 혹은 최저임금을 규정했다. 법은 여성이 "위험하거나" "부적절한" 직업을(19세기에는 법률가, 20세기에는 바텐더) 갖는 것을 금지했다. 보통법 체제의 잔재로 인해 기혼 여성은 재산을 소유하거나 관리할 권리, 본인 이름으로 소송하거나 피소될 권리, 금융기관에서 대출할 권리를 모두 박탈당했다(그리하여 여성을 여성의 어리석음과 오판으로부터 보호한다). 이 모든 규정은 스스로를 부양할 수 없는 여성에게는 의지할 "빅브라더"가 필요하다는 가정에 근거한 것이었다.

– 1988년 10월, 시카고대학교 법률포럼 심포지엄

프린스턴대학교는 지역 초등학생들의 흥미를 유발할 수 있도록 수학과 과학을 재미있게 가르치는 여름방학 프로그램을 시범 운영했다. …… 대상은 열한 살과 열두 살 **남학생**이었다. 남학생의 공부를 방해하기 때문에 여학생은 프로그램에 참가할 수 없다는 게 대학 측 설명이었다.

– 1999년, 〈인디애나 로리뷰〉

영향력 있는 거의 모든 자리를 남성이 점한 사회에서 성장하다 보면 여성은 자신이 남성보다 열등하다는 생각을 믿게 된다.

– 1973년 1월 12일, 프론티에로 대 리처드슨 사건 공동 답변서

일련의 과정 속에서 어떤 태도가 눈에 보이지 않게 자리 잡게 된다. 그 태도는 1950년대 초반 어느 대학 도서관 열람석에 새겨진 낙서에서 쉽게 확인할 수 있다. 낙서된 문장은 다음과 같다. "열심히 공부하라, 좋은 성적을 거둬라, 학위를 받아라, 결혼하라. 아이 셋을 낳아라, 죽어라, 그다음 땅에 묻혀라." 첫 문장만 봐서는 이 글을 쓴 사람의 성을 파악하기 힘들다. 두 번째 문장에 이르러서는 여성이 이 글을 썼다는 걸 모르기란 불가능하다. 이 글을 쓴 젊은 여성을 비롯해 그녀 같은 수많은 다른 여성들이 너무도 민감하게 느끼는 문제를 해결하려면 법은 성별을 기능적 설명을 위한 약칭으로 사용하는 것을 중단해야 한다. 법은 모母가 아닌 부모父母를 다루어야 한다. 주부가 아닌 가사 담당자를 다루어야 한다. 과부가 아닌 생존 배우자를 다루어야 한다.

– 1974년 2월 25일, 칸 대 세빈 사건* 구두변론

아내와 남편의 역할이 …… 규범적 기준에서 벗어날 경우—아내가 가족 부양을 절반 이상 담당한다는 점에서 가장이고 남편이 "피부양자"인 경우—"친절한" 입법적 판단은 세상이 그렇게 돌아가서는 안 된다는, 거의 남성만으로 이루어진 정책 결정 기관의 견해를 끊임없이 상기하게 한다.

– 1973년 1월 12일, 프론티에로 대 리처드슨 사건 공동 답변서

---

* 「연보 및 주요 사건」 1974년 '칸 대 세빈' 참고(본문 173쪽)

호이트 (대 플로리다) 사건의 원고는 야구방망이로 남편을 살해한 혐의로 기소된 여성이었다. 여성의 주장에 따르면 남편은 부부 싸움 중에 도저히 참을 수 없을 지경까지 자신을 모욕하고 멸시했다고 했다. 전원 남성으로 구성된 배심원단이 2급 살인 혐의로 유죄 평결을 내리자 (궨덜린) 호이트는 비슷한 또래의 여성들이라면 자신의 심리 상태는 물론 일시적 정신이상으로 인한 방어 행위를 더 잘 이해할 것이라고 주장했다.

- 1975년, 〈대법원 리뷰〉
여성의 배심원단 참여를 의무로 규정해달라고 소송을 냈지만
패소한 궨덜린 호이트에 대해

여성은 결국 가정과 가족생활의 중심이었다. 그러므로 배심원의 의무를 다하라고 여성을 집에서 불러내 산만하게 하는 것은 안 될 일이었다. 그래서 목표는, 이런 구분이 여성을 배려하기는커녕 1970년대에 브레넌 대법관이 말했듯 여성을 받침대 위에 올려놓는 것이 아닌 새장에 가두는 행위임을 법관들에게 일깨우는 것이었다.

- 2017년 4월 27일 조지타운대학교
여성들이 배심원단에서 배제된 이유에 대해

여성이나 남성, 혹은 대규모의 안정적이고 특정할 수 있는 집단의 구성원들이 쉽게 이용할 수 있고 요란하게 홍보까지 이루어지는, 마음 내키는 대로 배심원단 참여를 피할 수 있는 특권은 다양한 집단 대표로부터 심리받을 피고의 권리를 저해한다. 인종과 국적, 성별에 기초한 자동 면제 없이 배심원단에 참여하도록 모든 시민에게 의무를 지울 때에만 그 권리는 실현된다 1970년대 미주리주 법은 배심원 참여 면제를 요구하는 여성에게 자동 면제권을 부여했다.

— 1978년 11월 1일, 듀런 대 미주리 사건* 구두변론

남성과 여성은 대체 가능하지 않다. …… 어느 한쪽 성별의 부재는 경제적 혹은 인종적 집단이 배제될 때보다 배심원단의 공동체 대표성을 훨씬 더 떨어뜨릴 수 있다.

— 1974년 10월 16일, 에드워즈 대 힐리 사건** 구두변론

여성의 배심원단 참여 의무에 대해

---

* 「연보 및 주요 사건」 1979년 '듀런 대 미주리' 참고 (본문 175쪽)

** 「연보 및 주요 사건」 1974년 '에드워즈 대 힐리' 참고 (본문 173쪽)

(전략은) 한때 여성을 배려한 친절한 제도로 여겨졌던 것이 실제로는 여성에게 불이익을 준다는 사실을 판사들이 이해할 수 있도록 현실을 직시하게 만드는 것이었다.

— 2014년 5월 25일, 〈워싱턴포스트〉

1970년대 초반에 대법관들 앞에서 변론하는 게 어렵지 않았느냐고 사람들은 묻는다. 그러면 나는 그때 꼭 유치원 선생님이 된 기분이었다고 대답한다. 그들이 모르는 사실을 나는 알고 있었고 더욱이 그 사실을 재미있게 전달하려고 노력해야 했기 때문이다.

— 2017년 4월 27일, 조지타운대학교

컬럼비아대 로스쿨에 변론 취지서를 타이핑해주는, 일을 아주 잘하는 비서가 하나 있었는데 어느 날 그녀가 말했다. "타이핑하다 보니 온통 '섹스sex'라는 단어예요. 판사님들에게 생각하라고 요구하는 내용이 그 단어가 가장 먼저 연상시키는 그거는 아니지요? 그러니까 '젠더gender'라는 단어를 사용해보시는 게 어때요? 문법책에 나오는 근사한 단어잖아요. 연상 작용으로 정신이 산만해지지도 않을 거고요."

— 2012년 9월 19일, 콜로라도대학교 로스쿨

렌퀴스트 대법관이 말했다. "그래서 긴즈버그 판사님, 1달러짜리 새 동전에 수전 B. 앤서니의 …… 얼굴이 들어가는 걸로는 성이 차지 않는다는 거지요?" …… 마땅한 대답이 떠오르지 않았다. 원래 돌아오는 차 안에서 최선의 답변이 생각나는 법이다. 그래서 내가 할 수 있는 최선의 답변은 이랬다. "그럼요, 판사님, 동전으로는 충분하지 않으니까요."

- 2005년 1월 31일, 듀크대학교 로스쿨

내가 참 좋아했던 사건 하나가 생각난다. 뉴저지 트렌턴 지방법원의 판사 세 분 앞에서 변론을 하고 있는데, 그중 한 분이 내게 말했다. "여성도 이제는 동등한 병역 기회를 갖는 줄 알았습니다." 내가 답했다. "아직은 아닙니다. 여성은 비행기를 조종할 수 없으니까요." 판사의 답변은 이랬다. "그게 무슨 말이에요? 여자들은 늘 허공에 떠 있는데요. 아내, 딸과 살아봐서 잘 압니다." 자, 이럴 때 어떻게 해야 할까? 미소를 지으며 대꾸한다. "그럼요, 판사님, 하지만 저는 땅에 발을 붙이고 서 있지 않은 남자도 여럿 압니다." 그렇게 거기서부터 시작한다. 발끈 화를 내며 대꾸할 것이 아니라 이런 모욕적인 언사를 판사들을 교육하는 기회로 활용하는 것이다.

- 2000년 6월 17일, 제2재판구 연방항소법원 사법 콘퍼런스

왼쪽부터 엘리자베스 케이디 스탠턴, 수전 B. 앤서니

리드 (대 리드) 사건*에서 문제가 된 아이다호주 법은 유산을 "관리할 자격이 동등하게 주어진" 사람 중에서 "남성을 여성보다 선호해야 한다"라고 규정했다. 비극적 상황에서 10대 아들을 잃은 샐리 리드는 자신이 아들의 유산 관리인으로 지정되기를 원했다. 그러나 아들의 친부가(부부는 이미 이혼한 상태였다) 뒤늦게 신청서를 냈음에도 아이다호 법원이 남성을 선호하는 주 법에 따라 친부를 유산 관리인으로 결정하자 샐리는 법원에 이의를 제기했다. 아이다호주 법이 법의 동등한 보호를 받을 권리를 샐리 리드에게서 박탈했다고 대법원이 만장일치로 결정한 순간, 대법원은 새로운 방향으로 나아갔다.

> — 2002년, 〈예일대 법과 페미니즘 저널〉 서문

샐리 리드 사건, 그것은 전환점이 되는 사건이었다. 만장일치 결정이었고 대법원이 법 속에 존재하는 젠더 구분을 위헌으로 판단한 역사상 최초의 사건이었다.

> — 2016년 9월 7일, 조지타운대학교 법률센터
> 리드 대 리드 사건에 대해

---

* 「연보 및 주요 사건」 1971년 '리드 대 리드' 참고(본문 170쪽)

그 사건 이후 모든 원고는 평범한 사람이라는 점에서 샐리 리드와 같았다. 참 멋진 일은, 이렇게 평범한 사람들이 일상에서 겪는 부당함을 사법제도가 고쳐줄 것이라고 믿는 것이었다. 법원이 국민을 부당하게 다루는데 어떻게 법률 폐기를 법원에 기대할 수 있겠느냐며 절망하는 나라가 ……세상에는 많다.

- 2016년 9월 7일, 조지타운대학교 법률센터

공군 중위 샤론 프론티에로는 남편 조지프가 주택수당과 의료혜택을 받을 수 있는 방법을 찾았다. 기혼 남성 군인은 자동으로 받는 반면 기혼 여성 군인은 부부의 경제생활 중 4분의 3 이상을 담당하지 않는 한 받을 수 없는 혜택이었다. 프론티에로 부부는 소송에서 이겼다. 대법원은 여성 군인이 피부양 배우자를 증명하라고 법이 요구하는 한 그 법적 구상은 무효라고 판결했다.

- 1979년 11월 9일, 클리블랜드주립대학교 마셜 로스쿨
프론티에로 대 리처드슨 사건에 대해

나의 의뢰인 스티븐 와이젠펠드는 아내의 급작스런 죽음 이후
젖먹이 아들을 직접 키우기로 결심했다. 그는 사망한 임금노동
자의 아이를 돌보는 양육자로서 사회보장 혜택을 받으려고 했지
만 신청조차 할 수 없다는 사실을 알게 되었다. 법에 따르면 홀
어머니는 양육 수당을 받을 수 있지만 홀아버지는 받을 수 없었
다. 고정관념은 명확했다. 즉 남성은 임금노동자로서 선호되고
여성은 양육자로서 선호되었다. 법체계는 이 틀에 맞추기를 거
부한 사람들을 수용하지 못했다.

- 1997년 4월 1일, 『이성과 열정: 브레넌 대법관의 지속적 영향력』
와인버거 대 와이젠펠드 사건*에 대해

1970년대 10년 동안 젠더 구분을 허무는 소송이 잇달아 제기되
었다. 왜 그런 일이 일어났을까? 나 때문이 아니다. 사회가 변했
기 때문이다. 사회는 움직였고, 법원은 반응하는 기관이었다. 법
원은 길을 이끌지는 못하지만 변화의 방향을 가속할 수는 있다.

- 2016년 9월 14일, 기업법률고문협회

---

* 「연보 및 주요 사건」 1975년 '와인버거 대 와이젠펠드' 참고 (본문 173쪽)

대법원은 연방의회와 주 의회에 이 문제들에 관한 종전 입장을 재고하라고 지시했다. 뿌리 깊은 사회·경제적 편견이나 여성이 당하는 불이익 때문에 여성에 대한 특별 대우, 즉 보상 입법이 필요하다고 의회가 결정한다면 대법원은 의회에 움직일 공간을 남겨놓은 셈이다. 하지만 그런 의회의 구분은 정제되고 개선책으로 채택되어야지, "여성(혹은 남성) 자체"에 대한 편견에 근거해서는 안 된다.

– 1993년 3월 9일, 뉴욕대학교 로스쿨

"여성의 권리"라는 표현은 다소 문제가 있다. 인간의 권리다. 법의 평등한 보호를 받을 모든 인간의 권리다.

– 2006년 12월, 애넌버그 클래스룸

여성의 권리

몇몇 장소에서 "페미니즘"이라는 단어가 "욕설"로 통한다는 것은 슬픈 일이다. 페미니즘이 의미하는 것은, 여성에게 동등한 기회가 주어져야 하고 자신이 원하고 또 그럴 능력도 있는 존재가 되기 위해 천부적인 재능을 발휘할 동등한 기회가 젊은 남녀 모두에게 주어져야 한다는 것이다.

– 2013년 5월 11일, 시카고대학교 로스쿨

나는 여성과 남성에 대한 일반화가 두렵고 또 그런 작업에 의구심을 느낀다. 삶의 경험은 그런 일반화가 특정 개인에 대한 결정을 내릴 때 믿을 만한 가이드가 되지 못한다는 사실을 알려준다.

– 1984년 9월 23일, 전국여성판사협회 지역 연례 총회

나는 적어도 법에서 어느 한쪽 성의 천부적 우월함이나 열등함을 발견하지 못했다. 1963년부터 1980년까지 강의를 하거나 시험지를 채점하면서, 그리고 그 후 17년 넘게 법정에서 변론 취지서를 읽거나 변론을 들으면서 명백히 남성적 사고라든지 여성적 사고라든지 하는 것을—심지어 필체 같은 것도—보여주는 그 어떤 신뢰할 만한 징표도 발견하지 못했다.

– 1997년 8월 28일, 오클라호마변호사협회 여성법률가 콘퍼런스

정교해진 현대 문명사회에서 가장 효과적인 리더십의 형태는 자신의 의지를 타인에게 강압적으로 행사하는 무자비한 터프가이가 아니다. 오히려 반대파를 달래고 경험이 적은 젊은이들의 계발을 장려해 그들의 충심을 사는 능력이 중요하다. 이런 능력이 어느 한쪽 성에 더 많이 결부되어 있는 것 같지는 않다.

- 1984년 9월 23일, 전국여성판사협회 지역 연례 총회

모든 여성의 수준을 높이는 데 힘을 보태는 것, 여성이 신경 써야 할 부분이다.

- 2013년 5월 11일, 시카고대학교 로스쿨

자신감이 없는 남성들, 그래서 남성의 목소리가 들리는데도 움츠러들지 않는—또는 따르는 척하지 않는—여성을 보면 두려움을 느끼는 남성들, 이런 남성들이 성공한 여성들에게 가하는 위협이 걱정스럽다. "남성적" 가치와 문화를 가졌다고 자매들을 비난하면서 공격에 가담하는 것처럼 보이는 여성들도—그들 중 상당수는 페미니스트들이다—마찬가지로 걱정스럽다.

- 1984년 9월 23일, 전국여성판사협회 지역 연례 총회

여성들이 여성 단체 같은 그들만의 작은 공간에 머물면서 자기들끼리만 공감할 뿐 남자들의 세계를 건드리지 않는 것, 이보다 반反페미니스트가 원하는 건 없다고 나는 늘 생각해왔다. 세상을 바꾸고 싶다면 지렛대를 쥐고 있는 사람들과 함께해야 한다.

　　　　　　　　　　　　　　　　　－ 2009년 7월 7일, 〈뉴욕타임스〉

남녀의 "태생적 차이"는 …… 축하할 일이지, 어느 한쪽 성을 모욕하거나 개인의 기회를 인위적으로 제한하는 근거로 작용할 수 없다. 성별 구분은 …… 미합중국 국민의 재능과 능력을 십분 발휘하는 데 …… 활용할 수 있을 것이다. 하지만 그런 구분을 과거에 그랬듯이 …… 여성의 법적 사회적 경제적 열세를 조장하거나 공고히 하는 데 활용해서는 안 된다.

　　　　　　　　－ 1996년 6월 26일, 연방정부 대 버지니아 사건* 판결문

모든 젠더 차별은 양날의 칼이다. 그것은 양쪽으로 작용한다.

　　　　　　－ 1976년 10월 5일, 칼리파노 대 골드파브 사건** 구두변론

---

　*　「연보 및 주요 사건」 1996년 '연방정부 대 버지니아' 참고 (본문 177쪽)
　**　「연보 및 주요 사건」 1976년 '칼리파노 대 골드파브' 참고 (본문 174쪽)

내가 알기로 순전히 남성에게 불리한 차별이란 건 없다. 종국에 상처 입는 자들은 여성들이다.

— 1976년 10월 5일, 칼리파노 대 골드파브 사건 구두변론

남성을 일과 짝짓고 여성을 아이와 짝짓는 뿌리 깊은—이제는 기능적 정당화가 부족한—사고가 경제 영역에서 여성이 겪는 차별의 주된 요인이다.

— 1975년 1월 20일, 와인버거 대 와이젠펠드 사건 구두변론

이 문제는 닭이 먼저냐 달걀이 먼저냐 하는 것과 같다. 남성들이 가사를 분담하는 법을 배울 때까지 가사를 책임진 여성들에게 이 부담을 상쇄할 "특권적 대우"를 제공할 것인가? 또는 모든 개인이 자신의 능력으로 평가될 기본권을 갖는 게 옳은 일이라면, "특권적 대우"가 아니라 평등을 보장하는 법 조항 제정을 통해 남녀에게 동시에 요구되는 변화를 촉진할 것인가?

— 1972년 10월 1일, 〈미국비교법률 저널The American Journal of Comparative Law〉

「여성의 지위」

의회는 성 중립적 기준을 사용해야지, 남성은 부양자, 여성은 피부양자라고 쉽게 단정해서는 안 된다.

— 1976년 10월 5일, 칼리파노 대 골드파브 사건 구두변론

남성을 배제한 채 여성과 아이를 하나의 자연적 단위나 묶음으로만 바라본다면, 삶과 일 모든 측면에서 여성이 남성과 동등한 지위를 갖기는 더욱 어려워질 것이다.

         - 1984년 9월 23일, 전국여성판사협회 지역 연례 총회

정부는 법률의 무게를 가해, 사적 관계를 명령하는 특정 수단을 지지함으로써(혹은 반대함으로써) 가사나 부양자 역할에 대한 개인의 결정을 조정해서는 안 된다.

         - 1974년 9월, 「연방법에서 여성의 법적 지위:

        컬럼비아대학교 로스쿨 평등권 지지 프로젝트에 관한 보고서」

대법원이 명령했듯이, 기회의 문을 관리하는 정부 관계자들은 "양성의 역할과 능력에 대한 고정관념"에 기초해 적격한 개인을 배척해서는 안 된다.

         - 1996년 6월 26일, 연방정부 대 버지니아 사건 판결문

이제는 다양한 직업 세계에서 여성도 남성만큼 환영받는다는 걸 보여주는 환영 표지판이 필요하다. 그러나 여성이라는 이유로 특별 대우가 필요하다는 생각 때문에 여성들은 특별한 위치에 있었고 또 그만큼 오랜 시간 동안 평등한 기회로부터 멀리 떨어져 있었다.

– 1974년 2월 25일, 칸 대 셰빈 사건 구두변론

어렸을 때 나는 교향악단에서 여성 단원을 본 적이 없다. 누군가 오디션 참가자와 심사위원 사이에 커튼을 치자는 근사한 아이디어를 생각해냈다. 마법 같은 일이 일어났다. 거의 하룻밤 만에 여성들이 교향악단에 들어가게 된 것이다. 이제 모든 영역에 그때처럼 커튼을 치면 좋겠지만 결코 쉬운 일이 아니다.

– 2017년 2월 6일, 스탠퍼드대학교 의미 있는 삶에 대한 래스번 강연

모든 이가 그렇지만 경영자들은 스스로 인식하지 못하는 편견의 노예가 될 수 있다. 주로 남성이고 성 고정관념이 공고하게 자리 잡은 기업 문화에 물들어 있다면 차별의 위험은 더욱 커진다.

– 2011년 6월 20일, 월마트 대 듀크스 사건* 부분 보충 및 부분 반대 의견
서, 직장 내 성차별에 대해

---

* 「연보 및 주요 사건」 2011년 '월마트 대 듀크스' 참고(본문 184쪽)

1970년대에 컬럼비아대학교 동료인 해리엇 그레이엄 교수가 큰 소송을 제기했다. AT&T를 상대로 제기한 소송으로, 여성 중간 관리자의 지위에 대한 내용이었다. 여직원들은 다양한 승진 시험에서 좋은 성적을 거뒀지만 마지막 시험이 문제였다. 마지막 시험은 개인에 대한 총체적 평가였다. 그것은 곧 승진 대상자를 심사하는 면접시험이 있다는 뜻이었다. 여직원들은 최종 단계에서 현저하게 많이 탈락했다. 왜 그럴까? 면접관이 의도적으로 여성을 차별했기 때문이 아니다. 다만 면접관은 자기 자신과 비슷하게 생긴 직원에 편안함을 느꼈을 뿐이다. 그런 직원에게 신뢰감을 느낀 것이다. 여직원은 달랐다. 지금도 여전히 존재하는 무의식적 편견은 넘어야 할 큰 산이다.

— 2013년 2월 8일, 토머스제퍼슨 로스쿨 여성과 법률 콘퍼런스

하급자의 직장 생활을 통제할 힘이 있는 상급자에 의한 괴롭힘이 고용주의 간접 책임이라는 나의 결론은 직장 내 현실에 의해 공고해진다.

— 2013년 6월 24일, 밴스 대 볼주립대학교 사건* 반대 의견서

---

* 「연보 및 주요 사건」 2013년 '밴스 대 볼주립대학교' 참고(본문 186쪽)

레드베터와 같은 피고용인이 자신의 상황을 인지하고 문제 제기를 할 수 있는 것은 이를테면 현재의 임금 비율로 미래의 인상분을 추정한다든지 해서 임금격차가 눈에 띌 만큼 상당해졌을 때뿐이다. 처음부터 레드베터가 고용주의 임금 차별 가능성을 의심하지 않았다고 해서, 성별을 이유로 지속적으로 낮은 임금을 받아온 것에 대해 나중에 소를 제기하는 걸 막을 수는 없다.

– 2007년 5월 29일, 레드베터 대 굿이어타이어사 사건* 반대 의견서
민권법 제7장에서 규정한 소송 제척 기간이 경과한 뒤
임금 차별 소송을 제기한 릴리 레드베터의 권리에 대해

여성이 (버지니아군사대학교VMI의) 시민군 양성이라는 목적이나 훈련 방법에 태생적으로 부적합한 것은 아니다. 또한 이 학교의 높은 지도자 배출률은 몇몇 여성으로 하여금 입학을 열망하게 만들었다. 그럼에도 불구하고 버지니아주는 VMI가 제공하는 교육적 이점과 기회를 남성만 누리도록 하는 정책을 고수해왔다.

– 1996년 6월 26일, 연방정부 대 버지니아 사건 판결문

---

* 「연보 및 주요 사건」 2007년 '레드베터 대 굿이어타이어사' 참고(본문 181쪽)

(버지니아군사대학교) 사건이 실제론 군사 소송이 아니라는 걸 알
만큼 대중의 인식은 향상되었다. 대법원은 또한 단일 성별 학교
의 가치에 대해서도 문제 삼지 않았다. 오히려 이 사건이 문제
삼은 것은 경제 및 사회 지도자 양성을 목적으로 하는 대학교―
몇 세대 동안 눈부신 성과를 거뒀지만 이렇게 좋은 기회를 남성
들에게만 제공한―에 많은 예산을 지원한 주 정부였다.

– 1998년 11월 13일, 웰즐리대학교

연방정부 대 버지니아 사건에 대해

평등권 수정헌법안이 한창 논의되던 시절에 나는 "만약 전쟁이
또다시 발발한다면 그때는 여성도 남성처럼 징용되어야 한다고
확신한다"라는 아이젠하워 대통령의 말을 인용했다. 이제 미국
과 전 세계는 여성들이 얼마나 가치 있는지, 그리고 얼마나 용감
한지 목격했으리라 생각한다.

– 2002년 5월 21일, 우드로윌슨 국제학술센터

군대 내 보직을 결정하는 데 엄격히 직업과 관련된 중립적인 기준을 사용함으로써 어떤 여성도(그리고 어떤 남성도) 부적합한 자리로 배치되는 일이 없도록 해야 한다. 반면에 성별이 보직 결정 요소에서 제거된다면 군대 내 여성들도 재능과 열망이 허락하는 데까지 승진할 수 있을 것이다.

— 1974년 9월, 「연방법에서 여성의 법적 지위:
컬럼비아대학교 로스쿨 평등권 지지 프로젝트에 대한 보고서」
군대 내 성별에 따른 임명에 대해

나는 남녀가 어깨를 맞댄 채 더 좋은 세상을 만들기 위해 함께 노력할 것이라고 믿는다. …… 남성을 더 우월한 성으로 생각하지 않듯이 여성 또한 더 우월한 성으로 생각하지 않는다. 각계각층에서 모든 사람이 자신의 재능을 발휘하고, 과거처럼 닫힌 문이 존재하지 않는다는 것은 멋진 일이다.

— 2010년 7월 8일, 아스펜 연구소 아이디어 페스티벌

내가 여왕이라면 적극적 차별 시정 조치를 크게 세 가지 방향으로 운영할 것이다. 첫째, 여성의 평등한 교육 기회와 효율적 직업 훈련 기회를 보장해서 여성이 남성이나 정부에 의존하는 일을 없앨 것이다. 둘째, 직업, 책임, 근심, 혼란, 때론 젖먹이를 성인으로 키우는 양육의 지루함까지(이것이 나의 계획 중 구체화하고 실현하기에 가장 어려운 부분임을 인정한다) 이 모든 것을 여성들과 보다 공평하게 나눌 수 있게 남성들에게 장려책과 인센티브를 제공할 것이다. 셋째, 유아기부터 질 높은 보육 서비스를 제공할 것이다. 내가 꿈꾸는 이상 세계에서 아이들은 여성의 우선순위가 아니라 인간의 우선순위가 될 것이다.

– 1984년 9월 23일, 전국여성판사협회 지역 연례 총회

이보다 더 영감을 주는 행진을 본 적이 없다. …… 시위를 보니 기운이 났다. 시위대의 요구는 이랬다. "우리는 미합중국의 국민이다. 우리는 정부의 응답을 듣기를 원한다. 미합중국의 국민을 위한 법과 정책을 만들기를 정부에 요구한다."

– 2017년 2월 16일, 하와이대학교 마노아캠퍼스
2017 여성들의 행진Women's March에 대해

여성들의 행진 참가자(2018)

나와 같은 세대의 여성들은 모두 이런 경험을 했다. 여성이 입을 열면 귀를 닫을 시간이었다. 여성이 중요한 걸 말할 리가 없었기 때문이다. 하지만 이제 그런 분위기는 상당 부분 사라졌다.

- 2012년 9월 19일, 콜로라도대학교 로스쿨

개개인이 더 높은 자존감을 갖고 사회가 여성을 존중하는 모습을—(남성만큼) 존중하는 건 아니지만 그래도 점점 나아지고 있다—지켜보는 것만큼 뿌듯한 일은 없다.

- 1993년 9월 6일, 조지타운대학교 법률센터

미국을 비롯한 전 세계 빈곤층의 대부분은 여성과 아이들이다. 여성은 교육 수준과 경력이 비슷한 남성에 비해 낮은 임금을 받고, 일터는 출산 및 양육과 관련된 요구 사항을 제대로 수용하지 못한다. 또한 직장 내 성희롱과 가정 폭력을 막기 위한 효과적인 방법도 강구해야 하는 게 현실이다. 그러나 "우리, 국민"을 구성하는 모든 사람이 재능을 발휘하는 쪽으로 계속 사회가 나아갈 것으로 나는 낙관한다.

- 2016년 10월 1일, 〈뉴욕타임스〉

1776년에 애비게일 애덤스가 남편 존 애덤스에게 신생국가 미국의 법전을 만들 때 여성들을 기억하라고 다그쳤다는 것은 유명한 일화다. 오늘날 여성은 남성의 기억력에 의존할 필요가 없다. 법원과 회의실, 교실에서 점점 더 많은 여성들이 **공감하는** 남성 법률가들과 함께 더 좋은 세상을 만들기 위해 스스로 목소리를 내면서 제 몫을 다하고 있다. 여성들은 당연히 기억될 것이다. 이제는 도처에 여성들이 있으니 말이다.

− 2003년 10월 23일, 필라델피아변호사협회 분기 총회

생식권

내가 처음부터 관여한 다른 사건들은 이른바 "임신 문제"를 다루고 있다. 1970년대 초반에 공립학교 여교사가 …… 임신한 티가 나기 시작하면 완곡하게 "출산휴가"라고 부른 것에 들어갈 수밖에 없었다. 무급 휴가인 데다 여교사에게는 학교로 돌아올 권리가 없었다. …… 이런 정책이 생긴 이유 가운데 하나는 "선생님 배 속에 수박이 있다고 아이들이 생각하면 곤란하기 때문"이었다.

— 2012년 9월 19일, 콜로라도대학교 로스쿨

임신에 의한 차별은 결국 성차별이고 여성 차별은 임신과 출산에 대한 사회적 믿음과 밀접하게 연관되어 있기 때문에, 임신에 근거한 차별은 성별에 근거한 차별이 아니라고 판단한 (게덜디그대) 아이엘로 사건의 1974년 대법원 판결은 터무니없이 틀린 것이다.

— 2012년 3월 20일, 콜먼 대 메릴랜드 항소법원 사건* 반대 의견서

---

* 「연보 및 주요 사건」 2012년 '콜먼 대 메릴랜드 항소법원' 참고(본문 185쪽)

회사는 폐암이나 알코올중독, 스키로 인한 부상 같은 남녀 모두에게 일어나는 장애와, 전립선 절제술 같은 남자에게만 일어나는 장애로 인해 일시적 불구가 된 피고용인에게 소득 대체 수당을 제공한다. 한 가지 예외가 있다. 임신이나 출산으로 인한 장애가 그것이다. 그런 배제는 성차별에 해당되지 않는가? 1976년 12월 7일에 대법원이 고용 차별을 금지한 연방법을 해석하며 내놓은 판결에 의하면 전혀 그렇지 않다.

- 1977년 1월 25일, 〈뉴욕타임스〉

사실상 임신에 의한 차별은 성차별이 아니며 민권법 제7장의 보호를 받지 않는다고 판단한 제너럴일렉트릭사 대 길버트 사건에 대해

임신한 여성을 기본적인 복리 후생 프로그램에서 배제하는 것이 성차별이 아니라면, 임신한 여성을 해고하고 고용을 거부하고 무급 휴가를 오랫동안 보내고 복직했을 때 연공서열에 대한 권리를 박탈하는 것도 성차별이 아니란 말인가?

- 1977년 1월 25일, 〈뉴욕타임스〉

출산이나 임신과 관련된 신체장애로 인해서 일시적으로 노동이 불가능한 여성을 노동시장의 낙오자로 취급해서는 안 된다. 노동시장에서의 평등한 기회가 여성에게 현실이 되려면 이런 장애 기간 동안 고용 보장, 소득 보존, 의료보험 등이 필수적이다.

– 1974년 9월, 「연방법에서 여성의 법적 지위:
컬럼비아대학교 로스쿨 평등권 지지 프로젝트에 대한 보고서」

낙태권 옹호론자를 여성에게 낙태하라고 부추기는 사람으로 본다면 누구도 낙태권 옹호론자가 아니다. 중요한 것은 의도치 않게 임신을 한 여성에게 선택권이 있느냐이다.

– 2013년 5월 11일, 시카고대학교 로스쿨

솔직히 말해 낙태권 옹호 활동이 그렇게 활발하지 않은 이유 가운데 하나는, 내 딸과 손녀를 포함한 젊은 여성들이 필요하면 인공 임신중절수술을 받을 수 있는 세상에서 자랐기 때문이다.

– 2014년 9월 23일, 〈엘르〉

출산 선택권은 바로잡을 필요가 있다. 부유한 여성 가운데 출산 선택권이 없는 여성은 더 이상 없을 것이다. 내가 보기에 그것은 명백하다. 로 대 웨이드 사건 이전에 (낙태를 합법화하는 쪽으로) 이미 법을 수정한 주들이 다시 예전으로 돌아갈 것 같지는 않다. 따라서 현 정책으로는 가난한 여성만 영향을 받을 뿐, 그 반대일 수는 없다. 왜 이 이야기가 더 활발하게 논의되지 않는지 그 이유를 모르겠다.1973년 연방대법원은 로 대 웨이드 사건에서 여성의 낙태권이 사생활의 자유라는 점에서 헌법적 기본권에 의해 보호되는 권리라고 최초로 판단했다. 그러나 긴즈버그는 이 판결이 낙태권을 젠더 차별의 문제가 아닌 사생활의 문제로 바라본 것은 한계라고 지적한다. 여성의 낙태권을 제한하는 것은 평등권을 제한하는 것이나 다름없기 때문이다. 더욱이 개인의 선택으로 간주된 임신중절은 건강보험 적용에서 제외되어 경제적으로 어려운 여성에게 부담이 될 수밖에 없었다. 긴즈버그는 또한 대법원이 이 사건에서 가장 극단적인 텍사스주 법뿐만 아니라 당시 낙태를 제한하는 모든 주 법을 위헌으로 판단함으로써 그 후 낙태권 논쟁이 끊이지 않게 되었다고 후일에 안타까워한다.

- 2009년 7월 7일, 〈뉴욕타임스〉

어느 아프리카계 미국인 남자가 말했다. "백합처럼 흰 백인 여성들의 꿍꿍이가 뭔지 우리는 안다. 그들이 원하는 것은 흑인 아기들을 죽이는 것이다." 일부 아프리카계 미국인들이 낙태권 옹호 활동을 바라보는 시각이다. 따라서 낙태권을 빼앗겼을 때 아프리카계 미국인 여성에게 어떤 일이 생길 수 있는지 시민 단체가 알리는 게 도움이 될 것이다.

- 2014년 9월 28일, 〈뉴리퍼블릭〉

로 대 웨이드 사건 판결이 뒤집히는 최악의 시나리오를 상상한다 하더라도 많은 주가 예전으로 돌아가지는 않을 것이다. 그것은 곧, 비행기나 기차를 타고 낙태가 합법인 주로 이동할 경제력이 있는 여성은 문제될 게 없다는 뜻이다. 연방의회나 주 의회가 어떤 결정을 내리든 상관없다. 낙태술이 가능한 주들이 있고, 비용을 댈 수 있다면 어떤 여성이든 낙태술을 받을 수 있을 것이다. 판결이 뒤집힘으로써 영향을 받는 **유일한** 여성들은 비용을 마련할 수 없는 여성들뿐이다.

- 2014년 9월 28일, 〈뉴리퍼블릭〉

로 대 웨이드 사건은, 분명히 말하건대 그 사건의 결과는 절대적으로 옳았다. 텍사스주 법은 미국에서 가장 극단적이었다. 여성의 생명이 위협받는 상황이 아니면 낙태는 절대 불가능했다. 여성의 건강을 해치건, 강간이나 근친상간으로 인한 임신이건 상관없었다. 그 어떤 것도 중요하지 않았다. 법원은, 일반적으로 그렇게 하듯이, 그 사건에 대해 판결을 내릴 수 있었다. 법원은 법, 즉 텍사스주 법이 위헌이라고 말했어야 했다. …… 낙태를 다루는 미국의 모든 법이, 심지어 가장 진보적인 법까지 위헌이라고 선고할 필요는 없었다.

- 2013년 9월 6일, 전국헌법센터

이보다 좋은 조직화 도구가 있을까. 로 대 웨이드라는 사건명이 있고 상징이 있다. 이 사건을 겨냥하면 된다. 일반적인 민주적 절차에 의한 것이 아니라 아홉 명의 비선출직 남성이 이 사건에 대한 판결을 내렸기 때문이다.

— 2013년 5월 11일, 시카고대학교 로스쿨
로 대 웨이드 사건이 왜 그토록 강한 반대를 불러일으키는지에 대해

로 대 웨이드 사건의 법정 의견서를 읽고 난 다음 혼자 서 있는 여성의 이미지를 떠올리기란 어렵다. 언제나 여성이 의사와 상담을 하고 있다. 내가 판결문에서 떠올린 이미지는 키 큰 의사와, 그의 조언과 돌봄을 구하는 키 작은 여성이었다. 중심은 여성이 아니었다. 의사였다.

— 2013년 5월 11일, 시카고대학교 로스쿨

낙태 결정이 반드시 사적인 것은 아니다. 자신의 삶을 통제하겠다는 여성으로서의 권리이다. …… 로 대 웨이드 사건에서는 그것이, 그런 점이 보이지 않는다.

— 2013년 5월 11일, 시카고대학교 로스쿨

부분출산낙태금지법Partial Birth Abortion Ban Act. 임신 중후반기에 태아의 머리 전체나 몸통 일부분이 산모의 몸 밖으로 나온 상태에서 아기를 지우는 '부분출산낙태'를 금지하는 법률로 2003년 의회에서 제정되었다과 그 법에 대한 대법원의 옹호는 대법원이 거듭 선언하는 권리를 갉아먹으려는 시도로밖에 보이지 않는다. 그 권리가 여성의 삶에서 중요하다는 사회적 인식이 점점 높아지는 이때에 말이다.

— 2007년 4월 18일, 곤잘레스 대 카하트 사건* 반대 의견 낭독

법원이 승인하는 해법은 의사가 여성에게 제각기 다른 (낙태술) 절차와 그에 수반하는 위험을 충분히 고지하도록 요구하는 것이 아니다. 그 대신 법원은 이 문제에 대한 어떤 선택권도 여성에게 허용하지 않음으로써 여성을 보호하고자 한다. 이런 식의 여성 보호는 사회와 헌법에서 차지하는 여성의 위상에 대한 해묵은 개념—이미 오래전에 폐기된 생각—을 떠올리게 한다.

— 2007년 4월 18일, 곤잘레스 대 카하트 사건 반대 의견 낭독

---

* 「연보 및 주요 사건」 2007년 '곤잘레스 대 카하트' 참고 (본문 180쪽)

어떤 경우든, 임신의 어떤 단계든, 낙태를 규제하는 법률은 여성의 존재―생명―는 물론 건강을 보호해야 한다는 게 우리의 일관된 요구사항이었다.

— 2007년 4월 18일, 곤잘레스 대 카하트 사건 반대 의견 낭독

H.B.2^{Texas House Bill 2. 텍사스주는 2013년에 임신 20주 이후 태아의 낙태를 금지하고 외과 병원에서만 낙태술을 시행하도록 하는 법을 제정했다}로 불리는 텍사스 법은 낙태술을 시행하도록 허가받은 병원과 의사의 수를 분명 감소시킬 것이다. 텍사스는 H.B.2가 낙태 합병증으로부터 여성을 보호하기 때문에 이 법의 제한 규정이 헌법에 부합한다고 주장한다. 하지만 실제로 "낙태 합병증은 드물고 크게 위험하지도 않다."

— 2016년 6월 27일, 홀우먼스헬스 대 헬러스테트 사건* 보충 의견서

---

* 「연보 및 주요 사건」 2016년 '홀우먼스헬스 대 헬러스테트' 참고(본문 190쪽)

주 정부가 안전하고 합법적인 절차에 대한 접근을 심각하게 제한한다면, 절박한 상황에 놓인 여성들은 자신의 생명과 안전을 담보로 '포트 드 미외faute de mieux. 프랑스어로 '어쩔 수 없이'라는 뜻' 무면허 돌팔이 의사를 찾아갈지도 모른다. …… 대법원이 로 대 웨이드 사건과 …… 가족계획협회 펜실베이니아 남동지부 대 케이시 사건의 판결을 고수하는 한 …… "낙태에 방해만 될 뿐 여성 건강에 별 도움이 되지 않는" 낙태 시술자 표적 규제Targeted Regulation of Abortion Providers 법안은 H.B.2와 마찬가지로 …… 면밀한 법적 검토에서 살아남지 못할 것이다낙태 시술 병원은 시술 면허증이나 시설 안전 규칙 등 환자의 안전을 보장하기 위한 엄격한 규제를 받는다. 그러나 절반에 가까운 주들에서는 낙태 시술 병원을 겨냥해 환자의 안전을 확보하기 위해 필요한 것 이상의 추가 규제를 가한다. '낙태 시술자 표적 규제'로 불리는 이 법안들의 주요 목적은 낙태술에 대한 접근을 제한하는 것이다.

- 2016년 6월 27일 홀우먼스헬스 대 헬러스테트 사건 보충 의견서

하비로비와 코네스토가미국의 가구업체가 추구하는 면제권은 직원과 보험 혜택을 받는 피부양 가족의 중대한 이익을 침해할 것이다. 그로써 고용주와 신앙이 다른 많은 여성들은 ACA환자 보호 및 부담 적정 보험법가 규정한 피임 비용 혜택을 받지 못하게 될 것이다.

- 2014년 6월 30일, 버웰 대 하비로비 사건 반대 의견서
기업이 종교적 이유로 피임 비용을 건강보험 보장 항목에서
제외하는 것을 허용한 대법원 판결에 대해

주 정부 규제의 목적이나 효과가 "생존할 수 없는 태아를 지우려는 여성에게 상당한 장애를 초래하는 것"이라면 그 규제는 헌법에 위배된다. …… "헌법적 자유를 행사하려는 여성을 가장 잘 보호해줄 것이라고 의사가 논리적으로 판단한" 절차를 여성이 주 정부의 규제로 인해 선택할 수 없다면, 그런 장애는 존재하게 된다. …… 제7재판구 연방항소법원장 포스너가 말했듯이 "법률이 헌법적 권리에 부담을 지우고, 헌법적 권리에 대한 적대감을 표현하기 위해 입법자들이 선택한 수단이라는 것 이외에 그 법률을 옹호할 말이 없을 때, 그 부담은 부당하다."

– 2000년 6월 28일, 스텐버그 대 카하트 사건* 보충 의견서

---

* 「연보 및 주요 사건」 2000년 '스텐버그 대 카하트' 참고(본문 178쪽)

의무 부담 규정ACA는 고용인이 피고용인의 피임 비용을 의무적으로 부담하도록 규정한다은 하비로비나 코네스토가에게 피임 서비스—그들에겐 불쾌한—를 구매하거나 제공하라고 강제하지 않는다. 대신에 그 규정의 영향을 받는 회사들은 포괄적 의료보장으로 다양한 혜택을 제공하는 유사한 펀드들에 자금을 넣을 것을 요구받는다. ACA에 따르기 위해서 그 의료보험들은 …… 다른 수많은 예방적 서비스를 보장해야 하듯이 비용 분담 없이 피임 비용도 보장해야 한다.

- 2014년 6월 30일, 버웰 대 하비로비 사건 반대 의견서
기업이 종교적 이유로 피임 비용을 건강보험 보장 항목에서
제외하는 것을 허용한 대법원 판결에 대해

삶의 길을 갈 때
발자국을 남겨라.
후세의 건강과 안녕을
추구하는 방향으로
사회가 나아갈 수 있도록
자신에게 주어진
몫을 다하라.

대법원 집무실에서(2013)
© Charles Dharapak

나의 인생

긴 생의 기억들

자랄 때 …… 가장 기분 좋게 남은 기억 가운데 하나는 어머니의
무릎에 앉아 어머니가 책을 읽어주는 소리를 듣는 것이었다. 그
렇게 나는 책을 사랑하게 되었다.

> – 2016년 8월 16일, 뉴멕시코 산타페
> 유나이티드 웨이United Way에서 동화책을 읽어주며

2는 내게 행운의 숫자다. 컬럼비아대학교로 옮기기 이전에 나는
럿거스대학교에서 두 번째 여성 교수였다. 또한 컬럼비아대에서
두 번째 여성 교수였지만 종신 재직권이 보장된 첫 여성 교수였
다. 워싱턴 항소법원의 두 번째 여성 판사. 그리고 미국 연방대법
원의 두 번째 여성 대법관이 되었다.

> – 〈에런 하버 쇼〉

신이 내게 재능을 주신다면 위대한 디바가 되고 싶다. 하지만 슬프게도 음치다. 그래서 나는 단 두 곳에서만 노래한다. 한 곳은 샤워기 아래, 다른 한 곳은 꿈속에서다.

                               – 2017년 5월 24일, 아스펜 와이 펠로 토론회

1950년대 초반 (긴즈버그가 졸업한) 코넬대학교는 …… 여학생 한 명에 남학생 네 명이었기 때문에 여학생에게 좋은 학교로 통했다. 엄격한 쿼터제였다. 그 말은 여학생이 남학생보다 훨씬 똑똑하다는 뜻이었다. 하지만 얼마나 똑똑한지를 보여주는 건 곤란했다. 공부 같은 건 하지 않고 파티나 쫓아다니는 여자라는 인상을 주는 편이 나았다. 그래서 나는 대학교 화장실에서 공부를 했다. 기숙사에 돌아갈 때에는 이미 숙제를 다 한 상태였다.

                             – 2016년 7월 14일, 성과 아카데미 인터뷰

(하버드대 로스쿨) 원장이 신입 여학생들을 환영한다며 집으로 저녁 초대를 했다. …… 원장이 우리를 거실로 데리고 가더니 여학생들에게 한 명씩 돌아가며 남학생 자리를 빼앗으면서까지 하버드대 로스쿨에 들어온 이유를 말하라고 했다.

– 2013년 2월 26일, 〈메이커스〉(20세기 중반 미국의 여성운동을 그린 다큐멘터리)

신혼 시절 남편 마틴과(1954)

수많은 모욕이 가해졌지만 사람들은 그것을 그저 풍경의 일부로 당연하게 받아들였다. 이를테면 내가 하버드대 로스쿨에 다닐 때였다. 〈로리뷰〉 발간에 참여하던 터라 라몬트도서관에 정기 간행물을 보러 갔다 …… 정문에 서 있던 남자가 말했다. "못 들어가요." "왜 못 들어간다는 거죠?" "여자니까요."

— 1993년 7월, 미 상원 법사위원회 인준 청문회

로스쿨에서 시아버지의 재정 증명서를 내라고 요구했다. 처음에 화가 몹시 났다. 내가 알기로 기혼 남학생 중에 장인의 재정 증명서를 내라고 요구받는 학생은 없었다.

— 2004년 9월 2일, 〈온리 인 아메리카〉

(제럴드 건서 교수는) 내게 연방법원 재판 연구원 자리를 구해줘야겠다고 결심했다. 그래서 그는 언제나 컬럼비아대 졸업생을 재판 연구원으로 고용하는 판사에게 나를 추천하면서 말했다. "올해 제가 추천할 학생은 루스 베이더 긴즈버그입니다." 그러자 판사가 말했다. "이력서를 살펴봤는데 말입니다. 네 살짜리 딸이 있더군요. 그 학생을 어떻게 믿을 수 있겠어요?" 내가 존경하는 건서 교수님이 말했다. "팔미에리 판사님, 일단 기회를 주십시오. 일을 잘 못한다 싶으면 이 여학생 대신 남자 동급생을 보내겠습니다." 그것은 당근이었다. 채찍은 이러했다. "이 여학생에게 기회를 주지 않으면 앞으로는 절대 컬럼비아대 졸업생을 추천하지 않을 겁니다."

— 2012년 9월 19일, 콜로라도대학교 로스쿨

1963년, 임금평등법이 미합중국의 국법이 되던 그해에 나는 럿거스대학교에 부임하면서 남성 교수와 동등한 임금을 받았을까? 대답은 단호하게 "아니다"다. 럿거스대 로스쿨의 그 훌륭한 원장은 제한된 대학 자원에 대해 조심스레 설명하면서 나는 남편이 아주 좋은 직장에 다니니 월급을 적게 받는 게 공평하지 않겠느냐고 말했다.

— 1997년 8월 28일, 오클라호마변호사협회 여성 법률가 콘퍼런스

럿거스대학교에서 교수로 재직한 지 2년째 되던 해였다. 매년 계약을 갱신하는데 임신한 사실을 알리면 그다음 해에 재계약을 못할 게 거의 분명해 보였다. 그래서 시어머니의 옷을 빌리기로 했다. 한 사이즈 커서 딱 맞았다. 그렇게 봄 학기를 무사히 마쳤다. 새 계약서를 손에 넣고 동료 교수들에게 말했다. 가을 학기가 시작되면 우리 집 식구가 한 명 더 늘어나 있을 거라고.

— 2016년 9월 26일, 〈왓 잇 테이크스〉

(명사와의 대담을 제공하는 미국의 팟캐스트)

1960년대와 70년대에 얼마나 많은 회의에 참석해 발언했는지 모른다. 꽤나 근사한 생각을 말했던 것 같다. …… 그러고 나서 어떤 남성이 내가 했던 얘기를 그대로 했다. 그러자 사람들이 그 얘기에는 귀를 기울이고 반응을 보였다.

— 2009년 5월, 〈USA 투데이〉

두 번의 암을 이기게 해준 것은 나의 일이라고 생각한다. …… 할 일이, 중요한 일이 있다는 걸 알았기 때문에 고통과 통증에 머물러 있을 수 없었다. 일을 해야만 했다.

— 2016년 9월 12일, 노터데임대학교

암을 겪는 것만큼 생존의 기쁨을 만끽하게 해주는 것도 없다. 마치 향미 좋은 특별한 향신료를 내 일과 일상에 듬뿍 치는 것과 같다. 어떤 일을 할 때마다 나는 할 수 있다는 고양된 인식이 함께 따라온다.

– 2001년 5월 7일, 여성건강연구회 만찬

대장암 수술을 받은 뒤 (남편) 마티가 "당신, 트레이너를 구해야겠어"라고 말했다. 내가 꼭 아우슈비츠 수용소 생존자 같다고 했다.

– 2013년 3월 11일, 〈뉴요커〉

1999년부터 나를 봐준 개인 트레이너가 있다. …… (운동 일정은) 한 시간이다. 첫 파트에 팔굽혀펴기와 플랭크라는 걸 하고 다양한 웨이트 기구를 들어올린다. 〈뉴스아워〉를 시청할 수 있게 7시에서 8시 사이에 …… 이렇게 트레이닝을 한다.

– 2017년 2월 1일, 버지니아군사대학교

노터리어스 RBG를 어디에서 따왔는지 아는가? 유명한 래퍼 노터리어스 BIG이다. 노터리어스 RBG가 로스쿨 학생 둘이 만든 텀블러Tumblr의 이름이라는 말에 나는 충분히 이해가 간다고 했다. 우리에게는 한 가지 공통점이 있다. 내가 노터리어스 BIG와 공통점이 있다고? 물론이다! 우리는 둘 다 뉴욕 브루클린에서 나고 자랐다.

- 2017년 2월 6일, 스탠퍼드대학교 의미 있는 삶에 대한 래스번 강연

'민주당 출신 대통령이 나를 임명했으니 또 다른 민주당 출신 대통령이 내 후임을 임명할 게 분명해지면 물러나야겠어.' 이런 생각을 판사는 최우선으로 여기면 안 된다. 온 힘을 다해 일할 수 있다고 느끼는 동안에는 계속 일할 것이다.

- 2016년 10월 9일, 〈CBS 선데이모닝〉

이 일은 내가 지금껏 한 일 중에서 가장 힘든 일이다. 잠을 자러 갈 때에도 나이 듦이 아니라 이런저런 사건 생각뿐이다.

- 2014년 8월 23일, 〈산타페 뉴멕시칸〉(미 서부에서 역사가 가장 오래된 신문)

(대법관으로 얼마나 더 있을 거냐는 질문에) 오랫동안 꽤 그럴듯한 대답을 해왔다. "(루이스 D.) 브랜다이스 판사는 대법관으로 임명되었을 때 (나와) 같은 나이, 곧 예순 살이었다. 그가 23년 동안 재직했으니 적어도 그만큼은 있을 생각이다." 그런데 이제 브랜다이스 대법관을 넘어섰고 펠릭스 프랑크푸르터 대법관도 넘어섰으니 나의 대답은 이렇다. 온 힘을 다해 일할 수 있는 한 계속 일할 것이다.

- 2017년 10월 27일, 이퀄저스티스웍스Equal Justice Works

(변호사의 공익 업무를 지원하는 비영리단체)

능력이 닿는 한 최선을 다해 이 훌륭한 일에 매진하려고 한다. 내가 영감을 주는 존재인지에 대해서는 생각하지 않는다. 그저 최선을 다할 뿐이다.

- 2015년 2월 12일, 〈블룸버그〉

친구들과 가족 그리고 다른 영향들

브루클린의 제임스매디슨고등학교를 졸업하기 전날 어머니가 암으로 돌아가셨다. (내 딸) 제인과 나는 독립적이고 성공한 여성이라는 어머니의 이상을 경험했다. 배움의 가치를 일깨워준 어머니가, 나의 손녀딸 클라라가 우리 가족에서 하버드대 로스쿨에 다니는 3세 여성을 대변한다는 사실을 안다면 무척 기뻐할 것이다.

– 2016년 4월 5일, 『딸에게 해준 말What I Told My Daughter』

자랄 때 (롤 모델이) 많지 않았다. 그럴 만한 여성이 거의 없었기 때문이다. 그래서 내게는 실재의 롤 모델과 가상의 롤 모델이 한 명씩 있었다. 실재 인물은 어밀리아 에어하트Amelia Earhart. 여성 최초 대서양 횡단에 성공한 비행사였고, 가상 인물은 낸시 드루미스터리 소설 시리즈 『낸시 드루』의 주인공였다.

– 2017년 2월 6일, 스탠퍼드대학교 의미 있는 삶에 대한 래스번 강연

2세 때의 긴즈버그

내가 학교에서 읽은 대부분의 책은 딕과 제인20세기 중반 미국 초등학교에서 독서 교재로 널리 쓰인 어린이 교육용 동화책의 두 주인공이었다. 딕은 자전거를 타는 활발한 남자아이였다. 제인은 예쁜 파티 드레스를 입은 얌전한 여자아이였다. 하지만 낸시 드루는 행동가이자 실천가였고, 낸시의 남자 친구는 대개 그녀가 시키는 대로 했다.

— 2016년 9월 12일, 노터데임대학교

코넬대학교에서 유럽 문학을 가르친 블라디미르 나보코프 교수는 나의 독서법과 작문법을 바꿔놓았다. 단어로 그림을 그릴 수 있다는 사실을 그에게서 배웠다. 이미지나 생각을 전달할 때 올바른 단어를 골라 올바르게 배열하면 엄청난 차이가 생길 수 있음을 그는 보여주었다.

— 2016년 10월 4일, 『나의 말My Own Words』

(긴즈버그와 두 명의 전기 작가가 함께 쓴 책)

마티는 내가 명석한 두뇌를 가졌다는 사실을 반긴 첫 남학생이자, 그 당시에는 아마 유일한 남학생이었을 것이다.

— 2017년 4월 27일, 조지타운대학교

남편 마티 긴즈버그에 대해

나는 운 좋게도 내 일을 자기 일만큼 중요하게 여기는 남자와 결혼했다. 1950년대에는 드문 일이었다.

– 2013년, 예일대학교 로스쿨

로스쿨 신입생 중에 일부는 법률 교육 과정에 완전히 소진된다. 밤낮으로 공부하느라 공부 이외에 그들 삶에 들어갈 것은 없다. 하지만 내 삶에는 로스쿨 수업을 듣는 것보다 더 소중한 게 있었다. 로스쿨에서 내가 좋은 성적을 거둘 수 있었던 것은 두 사람 덕이 크다. 한 사람은 물론 내 남편이고, 다른 한 사람은 아기 제인이다.

– 2016년 9월 12일, 노터데임대학교

(마티는) 늘 나 스스로 생각하는 것보다 내가 훨씬 잘하고 있다고 느끼게끔 해주었다. 처음에 시작할 때는 확신이 서지 않았다. 이 변론 취지서를 쓸 수 있을까, 이 구두변론을 잘할 수 있을까. 지금까지도 그렇다. 나는 내가 있는 곳에서 동료들을 바라보며 말한다. "이건 힘든 일이에요. 하지만 적어도 저 남자들만큼은 나도 잘할 수 있어요."

– 1997년 6월 8일, 휘튼칼리지

나는 기진맥진할 때까지 일하는 경향이 있기 때문에 내가 그나마 온전하게 살 수 있는 것은 제인의 공이 크다. 제인도 잘 아는 사실이지만, 나는 하루 20시간 동안 책상에 앉아 변론 취지서를 읽고 의견서를 쓸 수도 있다. "영화 보러 갈 시간이에요. 손주들 만날 시간이에요. 주말에 워싱턴으로 갈게요"라고 말하는 사람이 없다면 말이다. 그래서 내 인생이 멀쩡하고 온전하다면 그것은 상당 부분 내게 이렇게 멋진 딸이 있기 때문이다.

– 1993년 10월 27일, 여성변호사협회 컬럼비아 특별구 지구

내 아들 (제임스)—나는 생기 넘치는 아이라고 불렀지만 선생님들은 지나치게 활동적인 아이라고 불렀다. 아이가 짓궂은 장난을 쳤으니 담임교사나 학교 상담 교사, 혹은 교장을 보러 오라는 전화를 한 달에 한 번은 받았다. 그러던 어느 날 유난히 지친 상태로 컬럼비아대 로스쿨 교수실에 앉아 있는데 …… 내가 전화기에 대고 말했다. "이 아이에겐 두 명의 부모가 있어요. 제발 전화를 번갈아 해주세요. 이번엔 아버지 차례예요." 전화를 받은 마티는 사무실에서 나와 아이 학교로 간 다음 돌처럼 딱딱하게 굳은 얼굴 셋을 마주했다. "그래서 제임스가 무슨 죄를 저질렀나요?" "제임스가 엘리베이터를 몰래 가동시켰어요." 마티의 대답은 이랬다. "얼마나 높이 올라갔나요?" 그게 마티의 우스갯소리였는지는 모르겠다. …… 그리고 나서 학교에서는 전화를 번갈아 가며 할 수밖에 없었을 것이다. 전화는 한 학기에 한 번 올까 말까 했다. 어린 아들의 행동에 크게 좋아진 것은 없었다. 하지만 여자보다는 직장에 있는 남자를 전화로 호출하는 게 더 불편했던 것은 분명하다.

— 2012년 9월 19일, 콜로라도대학교 로스쿨

가족과 함께 세인트토머스 해안에서(1979)

나는 매일 요리를 했다. 반면 마티는 손님이 올 때나 주말에만 요리를 했다. 음식 솜씨가 좋은 내 딸은—고등학생이었을 때, 아마도 15, 16세쯤 되었을 때 아빠와 엄마의 요리 사이에 엄청난 차이가 있다는 사실을 알아채고는 엄마를 부엌에서 서서히 내보내야겠다고 결심했다. 엄마에게 매일의 식탁을 맡겨서는 안 됐다. 그래서 워싱턴에 살게 된 1980년부터 지금껏 나는 단 한 끼도 요리하지 않았다.

- 2015년 2월 16일, 〈레이철 매도 쇼〉

누가 가정과 일을 모두 가지는가? 남자? 여자? 내 인생을 돌이켜보면 나는 그랬던 것 같다. 가정과 일을 모두 가지긴 했지만 한순간에 가능했던 일은 아니다. 마티가 젊은 변호사 시절 로펌의 파트너 변호사가 되기 위해 사다리를 오르는 동안, 가정과 아이들을 돌보는 것은 주로 내 몫이었다. 1970년대에 내가 ACLU의 여성 인권 사업을 시작했을 때 마티는 변화의 가능성에 열렬히 호응했고 나의 가장 든든한 지원자가 되었다. 그 후론 균형추가 반대로 옮겨갔다. 삶의 다른 시기에 서로를 보완할 수 있다고 나는 생각한다.

- 2016년 9월 12일, 노터데임대학교

러니드 핸드 판사는 훌륭한 법률가였고, 나는 그의 사무실에서 재판 연구원으로 일하기를 간절히 원했다. 대법관의 재판 연구원보다 오히려 더 원하는 자리였다. 당시 내가 모시던 에드먼드 팔미에리 판사는 핸드 판사와 가깝게 살아서 그를 자기 차에 태우고 출퇴근을 함께하곤 했다. …… 내가 차 뒷좌석에 앉아 있는데도 이 위대한 판사는 아무렇게나 생각나는 대로 말했다. 목청껏 노래를 부르다가 생전 처음 듣는 말을 내뱉기도 했다. 마침내 내가 핸드 판사에게 말했다. "핸드 판사님, 제가 있어도 차 안에서 말씀하시는 데 전혀 거리낌이 없는 것 같아요. 저를 재판 연구원으로 봐주시면 좋겠어요." 그러자 그가 대꾸했다. "젊은 아가씨, 난 지금 아가씨하고 이야기하는 게 아니야."

– 2016년 9월 26일, 〈왓 잇 테이크스〉

클린턴 대통령이 대법관 첫 지명자를 누구로 할지 고심하다가 스캘리아 대법관에게 물었다. "새로운 대법관 동료와 함께 무인도에 남겨진다면 래리 트라이브와 마리오 쿠오모 중에서 누구를 선택하시겠습니까?" 스캘리아 대법관은 곧장 단호한 목소리로 대답했다. "루스 베이더 긴즈버그입니다." 그러고 나서 며칠 후 클린턴 대통령은 나를 지명했다.

– 2016년 3월 1일, 앤터닌 스캘리아 대법관 추도식 추모사

나와 의견이 일치하지 않는 게 그렇게 많은데 어떻게 친구로 지낼 수 있느냐는 질문을 받고 스캘리아 대법관은 이렇게 대답했다. "나는 생각을 공격하지 사람을 공격하지 않아요. 선한 사람들이 나쁜 생각을 갖고 있기도 하지요. 그 둘을 구분할 수 없다면 다른 직업을 찾아봐야 합니다. 판사가 되려고 하면 안 돼요. 적어도 합의체 판사는 안 됩니다."

- 2016년 3월 1일, 앤터닌 스캘리아 대법관 추도식 추모사

자신의 관점을 설명할 수 있는 대단히 지적인 사람이 곁에 있다는 건 참 멋진 일이다. 나로 하여금 더욱 골똘히 생각하게 만들기 때문이다.

- 2017년 10월 1일, 〈CBS 선데이모닝〉
앤터닌 스캘리아 대법관에 대해

우리의 우정을 보면서 자신과 생각이 다른 선한 사람들이 존재하고, 생각에 차이가 있지만 단체와 나라의 안녕을 위해 선의를 가진 사람들이 협력할 수 있다는 인식이 깊어진다면 나는 더없이 기쁘겠다. 분명 스캘리아 대법관도 기뻐할 것이다.

- 2017년 8월 1일, 아스펜 연구소 맥클로스키 연사 시리즈

삶의 교훈들

(어머니는) 두 가지를 말씀하셨다. 숙녀가 되어라. 독립적인 사람이 되어라. "숙녀가 되라"는 것은 분노처럼 에너지를 고갈시키는 감정에 굴복하지 말라는 뜻이다. 숨을 깊이 들이마시고 차분하게 말해야 한다.

- 2016년 10월 9일, 〈CBS 선데이모닝〉

숙녀가 되라고 할 때 어머니는 무엇을 의미했을까? 오후 4시에 차를 대접하는 사람이 되라는 뜻은 아니었다. 어머니의 의도는 비생산적인 감정에 시간을 허비하지 않는 숙녀가 되라는 것이었다. 숙녀는 발끈하지 않는다. 질투도 하지 않는다. 무례한 말을 듣고도 못 들은 척 행동하는 사람이 숙녀다.

- 2016년 9월 12일, 노터데임대학교

독립적인 사람이 되라는 것은 이런 뜻이었다. 어느 날 내가 완벽한 남자를 만나 결혼해서 평생 행복하게 살기를 어머니가 바랐다는 것은 의심할 여지가 없다. 하지만 그런 일을 이루든 못 이루든 스스로를 부양할 수 있어야 한다고 어머니는 말씀하셨다. 참 멋진 충고였다.

- 2016년 9월 12일, 노터데임대학교

(마티의) 어머니가 나를 한쪽으로 데리고 가더니 말씀하셨다. "얘야, 행복한 결혼의 비결을 알려줄까." 그 비결이란, 얼마간 귀를 막고 사는 게 때로 도움이 된다는 것이었다. 그러면서 시어머니는 내게 맥스 귀마개 한 쌍을 건넸다. 최고로 좋은 귀마개였다. 56년간의 행복한 결혼 생활 동안, 그리고 현재의 직장을 포함해 모든 직장에서 나는 그 충고를 따랐다.

- 2016년 9월 14일, 기업법률고문협회
결혼식 날 들은 충고에 대해

경솔하거나 무례한 말을 들었을 때는 못 들은 척하는 게 최선이다. 화를 내거나 불쾌한 티를 내는 것은 상대를 설득하는 데 전혀 도움이 되지 않는다.

- 2016년 10월 4일, 『나의 말』

우리 대부분은 관점을 지니고 있다. 생각하는 사람들은 대개 그렇다. 그러나 …… 편향을 밝히는 게 중요하다. 나는 사람들을 세뇌하려고 애쓰지 않지만, 나 자신을 중립적인 사람으로 제시하지도 않는다.

- 1981년, 『지혜로운 여성들』

진보니 보수니 하는 표시—그런 소리를 들을 때마다 〈이올란테 Iolanthe〉극작가 W. S. 길버트와 작곡가 아서 설리번의 일곱 번째 합작 오페라에 나오는 길버트와 설리번의 멋진 노래가 생각난다. "이 세상에 태어나는 모든 여자와 남자는 얼마간은 진보적이거나 얼마간은 보수적이라네." 그런 표시가 의미하는 바는 무엇일까? 그것은 어느 쪽 황소를 뿔로 들이받느냐에 달려 있다.

— 2016년 10월 10일, 〈PBS 뉴스아워〉

네 자신을 …… 교사라고 생각하라. 그래서 화를 내지 마라. 역효과만 낳을 따름이다. 누군가를 돼지 같은 성차별주의자라고 부르는 순간 당신은 그 사람을 쫓아내는 것이다.

— 2017년 4월 27일, 조지타운대학교

남의 말을 잘 경청하는 것은 매우 중요하다. 자신의 생각에 집착한 나머지 타인의 생각에 마음을 닫아걸면 안 된다.

— 2014년 10월 19일, 뉴욕 92번가 Y

살아 있는 한 배운다.

— 2014년 9월 16일, 미네소타대학교 로스쿨

(언론과 대중의) 왜곡에 대처하는 방법은 청중이 누구든 분노하거나 좌절하지 않고 교사가 되려고 노력하는 것이다. 그런 다음에 진실을 보여줄 기회가 있다고 말하는 것이다. 왜곡임이 드러났을 때 그것에 항구적이고 효과적으로 대응할 …… 사람들이 청중 속에 있기를 바라면서 말이다.

- 1997년 6월 8일, 휘튼칼리지

목소리를 높이는 것에 부끄러워하지 마라. 목소리를 높여야 할 때는 외로운 목소리가 되지 않게 다른 사람들과 함께하라.

- 2016년 9월 14일, 기업법률고문협회

어린아이를 키우면서 로스쿨 학업을 병행할 수 있을지 나 자신에게 의구심이 들기 시작했다. 그러던 중 시아버지가 소중한 조언을 해주셨다. "루스, 로스쿨에 가는 게 꺼려지거든 이보다 좋은 핑계가 어디 있겠니? 그런다고 너를 하찮게 여길 사람은 아무도 없다. 하지만 정말로 변호사가 되고 싶거든 네 자신을 불쌍히 여기지 말고 방법을 찾아라." 삶의 고비마다 나는 이 충고를 마음에 새겼다.

- 2004년 9월 2일, 〈온리 인 아메리카〉

정상에 오르려면 가정을 포기해야 한다고 말하는 사람을 볼 때면 심기가 불편해진다. 그들은 "케이건 대법관을 보라, 소토마요르 대법관을 보라" 하고 말한다.(이 두 명의 신임 대법관은 비혼이고 자녀가 없다) 그렇다면 아들 셋을 키운 오코너는 어떠한가? 제인과 제임스를 키운 나는 또 어떠한가?

- 2013년 3월 11일, 〈뉴요커〉

워싱턴 연방항소법원에 갓 부임했을 때 탬 선임 판사가 말했다. "루스 판사님, 저는 이 일을 오래해왔어요. 판사님에게 당부하고 싶은 게 하나 있군요. 매 사건에 최선을 다하되, 사건을 마무리 짓고 의견서를 발표하고 나면 뒤돌아보지 마십시오. 지나간 일은 걱정하지 마세요. 다음 사건으로 넘어가서 온 힘을 다 쏟는 겁니다."

- 2013년 2월 8일, 토머스제퍼슨 로스쿨 여성과 법률 콘퍼런스

내가 대장암에 걸렸을 때 샌드라는 이전에 유방암 치료를 받은 적이 있었다. 샌드라는 큰 수술을 받고도 수술한 지 9일째 되는 날 변론을 들으러 법정에 나왔다. 그래서 그녀가 해주는 충고는 이러했다. "루스 판사님, 항암 화학요법을 받게 될 거예요. 시술 날짜를 금요일로 잡으세요. 그러면 월요일에는 어느 정도 회복도 할 거고 부작용도 잦아들 거예요." 그녀 자신이 했던 방법이었다. 앞길을 막는 것이 무엇이건 그녀는 극복했다. 그것도 거뜬히 해냈다.

- 2016년 7월 14일, 성과 아카데미 인터뷰

아들만큼 딸도 소중히 여기고, 아들딸 모두에게 정의를 위해 일어서라고, 용감해지라고, 낙담하지 말라고 가르쳐라. 처음에 성공하지 못하면 그다음에 시도하고 또 시도하라.

- 2017년 3월 8일, PJ 도서관 인터뷰

장애물로 여긴 것이 엄청난 행운으로 판명되는 일이 삶에서는 자주 일어난다.

- 2013년 2월 26일, 〈메이커스〉

부서지고 있는 건물을 대체할 더 나은 건물이 있다는 확신이 들기 전까지는 나는 결코 부수지 않을 것이다.

- 1993년 7월, 미 상원 법사위원회 인준 청문회

더 나은 대접을 받을 자격이 있는데도 거절당했다면 스스로를 불쌍히 여기지 마라. 계속 노력하면서 성공의 자질이 있음을 보여준다면 종국에는 성공할 것이다.

- 1994년 6월 3일, 모교인 앤설리번공립학교 방문에서

(예술은) 삶을 아름답게 만든다.

- 2012년 10월 10일, 〈워싱터니언Washingtonian〉

꿈을 이루려면 열심히 노력해야 한다. 기꺼이 각고의 노력을 기울인다면 성취하고 큰 뜻을 품을 수 있을 것이다.

- 2016년 8월 16일, 뉴멕시코 산타페
유나이티드 웨이에서 동화책을 읽어주며

나는 보수를 받지 않고 일한—보수를 받을 때처럼 일한—일에서 더 큰 만족을 느낀다.

- 2016년 9월 7일, 조지타운대학교 법률센터

내가 여왕이라면 고등학교 졸업 이후 …… 군대에 가든 공립학교에서 교사 보조를 하든 공익에 봉사하는 휴지기를 갖도록 하겠다. 젊은이들에게 공동체를 위한 봉사라는 개념을 심어준다면 사회에 좋은 일이라고 생각한다.

- 2016년 9월 14일, 기업법률고문협회

삶의 길을 갈 때 발자국을 남겨라. 나를 위해 길을 닦은 사람들이 있었듯이 내 뒤를 따라올 사람들에게 도움을 주어야 한다. 후세의 건강과 안녕을 추구하는 방향으로 사회가 나아갈 수 있도록 자신에게 주어진 몫을 다하라.

- 2002년 5월 26일, 브라운대학교 졸업식 연설

긴즈버그의 단단한 목소리

영화 〈루스 베이더 긴즈버그: 나는 반대한다〉를 보고 나는 진작 이 멋진 할머니에 매료되었다. 여든을 넘긴 이 작은 체구의 여성 대법관에게 미국의 젊은이들이 보내는 환호는 경이롭다. 현재의 보수화된 대법원 지형에서 거침없이 반대 의견을 내는 긴즈버그에 젊은이들은 열광한다. 그들에게 긴즈버그는 노터리어스 RBG라는 애칭으로 통한다. 그녀가 반대 의견을 낼 때마다 미국의 SNS는 몇 날 며칠 동안 들썩이고, 그녀가 연단에 오를 때마다 강연장은 팝 스타 공연 못지않게 사람들로 붐빈다. 사회에서 가장 무시당하기 쉬운 목소리 가운데 하나가 나이 든 여성의 목소리라면, 사람들, 특히 젊은이들이 여든을 훌쩍 넘긴 여성 판사의 말 한마디 한마디에 귀를 기울이는 것은 그 자체로 고무적이다. 젠더 차별이 만연한 시대에 맞서 싸우고, 여성을 비롯한 사회적 소수자들을 대변해온 그녀 자신의 삶이 만들어낸 현상이다. 긴즈버그는 유대인, 여성, 엄마라는 소위 '결점'을 극복하면서 법률가의 삶을 개척했고, 이 세상을 좀 더 공평하게 만드는 데 일조했다. 이 책에 담긴 긴즈버그의 말은 그녀가 걸어온 발자

취는 물론 평생에 걸쳐 대변해온 가치를 뚜렷이 보여준다. 가령 다음과 같은 문장들.

"판사는 그날의 날씨가 아닌 시대의 기후를 고려해야 한다." (32쪽) 법원은 사회의 변화에 맞춰 "반응하는 기관"이기 때문에, 현실에 대한 고려 없이 문자 그대로 법전을 해석하면 안 된다는 "원전주의자" 긴즈버그의 모습을 확인할 수 있다. 역차별 주장에도 불구하고 여전히 인종차별은 근절해야 할 문제라는 것, 여성 역시 남성처럼 자신의 삶을 책임지는 능동적 주체라는 것, 누군가를 사랑한다면 동성인지 이성인지는 중요하지 않다는 것. 시대정신을 읽고 있기에 일관되게 추구할 수 있는 가치가 아닐까 싶다.

"편향을 밝히는 게 중요하다. 나는 사람들을 세뇌하려고 애쓰지 않지만, 나 자신을 중립적인 사람으로 제시하지도 않는다." (148쪽) 자신의 생각은 어느 한쪽으로 치우침 없이 중립적이라는, 그래서 절대적으로 옳다는 믿음은 아집과 독선을 낳게 마련이다. 상대 의견을 무시한 채 대립으로만 치닫는 우리 사회가 귀담아들어야 할 메시지다. 긴즈버그는 자신의 생각이 맞는지 늘 되돌아보고 (더불어 자신의 생각이 편향되었음을 인정하면서) 상대의 입장을 고려하기 위해 (물론 상대의 생각도 편향되었음을 인정하면서) 노력한다. "올바른 동시에 단단한 의견"을 내는 길이다.

"분노처럼 에너지를 고갈시키는 감정에 굴복하지 말라."(147쪽) 여권 신장을 위해 싸우는 전사가 아니라, 상대를 설득하는 조곤조곤한 목소리가 들리는 듯하다. 긴즈버그는 '상대편의 체스 말을 모조리 쓸어버리는' 우를 범하지 않는다. 대법원에서 보수의 수장 격이었던 스캘리아 대법관과 평생의 우정을 나눌 수 있었던 것도 이런 냉철하면서도 유연한 태도에 기인했을 것이다.

평등권 수정헌법 제정과 여성의 생식권 보장, 긴즈버그가 평생 동안 추구해온 일이다. 후세를 위해 반대 의견을 쓴다고 밝혔듯이 긴즈버그는 우리의 '딸과 손녀, 그 후에 올 모든 딸들을 위해' 헌법에 양성평등조항이 필요하다고 믿는다. "연방정부와 주정부는 성별에 근거해 법 앞에서의 평등권을 부인하거나 축소할 수 없다." 평등권 수정헌법안 제1항이다. 일견 심상해 보이는 이 조항을 미국 헌법에 수록하기 위해 오랜 세월 긴즈버그를 비롯한 수많은 여성운동가들이 싸워왔지만, 지금도 평등권 수정헌법은 효력 발생에 필요한 38개 주 이상의 비준을 얻지 못해 '헌법'이 아닌 '헌법안'에 머물러 있다. 양성평등 명문화에 대한 저항이 얼마나 뿌리 깊은지 보여주는 대목이다. 평등권 수정헌법 제정이 여권 신장을 위해 상징적 의미를 지닌다면, 생식권 보장은 실질적 의미를 지닌다. 긴즈버그는 "아이를 낳을지 말지 결정할 권리는 여성의 삶과 안녕과 존엄에 필수적"이라고 말한다. 긴즈버그가 보기에, 임신한 여성에게 자신의 삶을 결정할 선택권이 있느냐는 사생활의 문제가 아니라 젠더 차별의 문제이다. (긴즈버그는 최근 반대 의견서에서 임신한 여성을 '어머니'로 표현한 클래런스 토머스 대법관을 맹비난한다.) 미국 사회가 보수화됨에 따라, 생명 존중이라는 명분을 내세워 여성의 생식권을 위협하는 움직임은 갈수록 거세지고 있다. 긴즈버그의 반대 목소리가 더욱 강해지리라 예견된다.

긴즈버그는 변론 기술만 좋은 변호사는 기술자와 다름없다고 일갈했다. 긴즈버그가 1970년대 주요 젠더 차별 사건을 도맡아 변론하고, 표현과 언론의 자유, 젠더 평등처럼 중요한 문제라면 타협 없이 반대 의견을 내는 것은, 사회의 아픔을 외면해서는 안 된다는 법률가의 사회적 역할을 망각하지 않기 때문이다. 이 책을 읽은 누군가가 긴즈버그를 롤 모델로 삼아 삶의 방향을 새로 잡을 수 있다면 참 멋진 일이겠다. 그래서 그 사람이 '사회의 눈물'을 닦고 이 세상을 좀 더 나은 곳으로 바꾸는 데 힘을 보탤 수 있다면 더욱 멋지겠다. 소설가 치마만다 응고지 아디치에가 말했듯이 '너는 여자니까, 너는 남자니까'라는 말을 자유롭게 거부할 수 있고, 사회적 소수자들이 마땅히 누려야 할 권리를 온전히 누릴 수 있는 그런 세상으로 말이다. 높낮이가 거의 없지만 강단 있는 목소리로 이 여성 대법관이 전하는 메시지에 많은 사람이 주목했으면 하는 바람이다.

2019년 12월
오현아

판사는 그날의 날씨가 아닌
시대의 기후를 고려해야 한다

이다혜(《씨네21》 기자, 작가)

    루스 베이더 긴즈버그가 법정에서 낭독해온 글, 변론을 위해 해온 말을 접할 때마다 '언어의 힘'이란 루스 베이더 긴즈버그의 문장을 위해 존재하는 표현이구나 싶어진다. 루스 베이더 긴즈버그는 법의 언어로 세상을 바꿨다. '모든 인간은 평등하게 태어났다'는 말은 학교에서 가르치면서 왜 생활의 장에서 실천되지 못하는가. 우리는 어떻게 관행으로 굳어진 뿌리 깊은 차별을 타파하고, 모든 사람을 동등한 사회 구성원으로 인정하고 그에 걸맞은 권리를 부여할 수 있는가. 그 자신이 여성인 루스 베이더 긴즈버그는 특히 사회의 성차별적 관행을 바꾸기 위한 노력을 해왔다. 그리고 성공의 기록을 쌓았다. 루스 베이더 긴즈버그는 법의 논리와 철학, 그리고 언어로 세상을 더 많은 사람에게 평등한 곳으로 바꿔나갔다.

    어떤 글이 좋은 글인가. 쓰고 말하는 직업을 가진 나는 그런 질문을 자주 받는다. 전달하려는 내용을 의미의 누수 없이 원하는 뉘앙스로 상대방에게 전달하는 데 성공하는 글이 좋은 글이라고 믿는다. 1994년 루스 베이더 긴즈버그는 미국법률협회에서 "과한 여담이나 미사여구 없이, 또 의견이 다른 동료들에 대한 산만한 비난 없이 올바른 동시에 단단한 의견을 내는 것이 한결같은 나의 목표다"(42쪽)라고 말했다. 법률가의 언어가 가져야 할 엄정함이 담긴 신념이 엿보이는 동시에, '산만한 비난 없이'라는 표현에 눈길이 간다. 구시대적 가치를 유지하기 위해 지금 살아 있는 이들의 인권을 제한하는 현실을 바꾸기 위해, 언제나 생각이 다른 동료들과 '함께' 일해온 사람의 태도를 보여주니까. 보수적 성향이었던 앤터닌 스캘리아 대법관과의 신의에 기반한 우정은 그래서 화제가 되었다. 의견이 다르다고 해서 적대시하지 않는다.

살아 있는 80대 여성이 인기 있는 문화 아이콘이 된 전례가 있을까? 그것도 법률가? 심지어 연방대법관이? 1933년생인 루스 베이더 긴즈버그에 대한 영화들도 최근 연달아 공개되었다. 2018년작 〈세상을 바꾼 변호인〉은 젊은 시절의 루스 베이더 긴즈버그와 남편 마티의 이야기와 더불어, 1970년대 루스 베이더 긴즈버그가 참여한 중요한 성평등 관련 소송을 다루었다. 같은 해 또 한편의 영화가 만들어졌는데, 〈루스 베이더 긴즈버그: 나는 반대한다〉는 제목의 다큐멘터리다. 왜 지금인가? 여기에는 미국의 진보주의자들이 간절히 루스 베이더 긴즈버그의 건강을 기원하고 있는 상황까지 덧붙여 설명되어야 한다.

70년대에 루스 베이더 긴즈버그는 여성의 권리와 관련된, 나아가 양성평등과 관련된 대법원 제소 6건 중 5건에서 승소했다. 군대와 교단에서 임신과 직업 중 한 가지를 선택하라는 압력을 받는 여성들의 권리를 구제했고, 여성의 배심원단 참여를 오랫동안 선택적인 문제로 규정해온(즉 여성을 참여시키지 않는 관행) 에 대해 3건의 소송을 진행해 대법원으로 가져가 모두 승소했다. 그의 이름을 모른다 하더라도 미국 여성이라면 누구나 루스 베이더 긴즈버그가 더 평등한 곳으로 바꾸어놓은 세상에서 살고 있다는 뜻이다.

영화 〈루스 베이더 긴즈버그: 나는 반대한다〉에 등장하는 '연방정부 대 버지니아' 1996년 사건도 눈여겨볼 만하다. 재판부가 군사 대학의 여성 입학 제한을 심사한 건이다. 버지니아군사대학교는 개교 이래 150년간 남자 생도만 받았다. 기금 규모도 크고 4성 장군도 많이 배출한 명문이었다. 그런데 여학생이 입학을 원했고, 남성 생도만 뽑는 건 위헌이라며 소송을 제기했다. 연방대법원까지 온 이 사건은 루스 베이더 긴즈버그가 연방대법관에 취임한 후 처음 올라온 여성 인권 사건이었다. "남학생을 기준으로 한 신체 기준을 충족하며 생도 과정을 이수할 능력이 있는 여학생들은 입학을 희망해도 평등한 기회가 주어지지 않았다. 이 판결문을 근거로 여성의 동등한 기회를 제한하는 법률의 효력은 소멸할 것이며, 여성의 뜻과 성취와 참여는 제한될 수 없으며, 여성도 능력에 근거해 사회에 기여할 것이다." 그 판결은 버지니아군사대학교 한 곳이 아니라 성별 때문에 여성을 배제할 수 있는 곳은 없다는 뜻이었다. 영화에는 2017년, 그러니까 판결이 있고

20년이 지나 버지니아군사대학교 행사에 긴즈버그가 참여한 장면이 나온다. 그 판결로 입학해 졸업한 학생도 그 자리에서 그의 말을 듣고 있다.

　루스 베이더 긴즈버그는 현직 미국 연방대법관 아홉 명 중 최고령이자 역대 최고령 연방대법관 기록(90세)을 눈앞에 두고 있다. 그는 미국 역사상 두 번째 여성 연방대법관이기도 한데, 변호사로 일하던 70년대에 성평등과 여성의 권리 증진과 관련한 연방대법원 재판에서 여러 번 승소했고 1980년부터 1993년까지 컬럼비아 특별재판구 연방항소법원 판사로 일하다 1993년 클린턴 행정부 때 연방대법관이 되었다. 현재 아홉 명의 연방대법관의 성향은 보수와 진보가 5대 4로 나뉜 상황인데, 미국 대법관은 종신직이기 때문에 긴즈버그 대법관이 물러나면 트럼프 대통령이 보수 성향의 대법관을 지목할 가능성이 높고, 따라서 대법원의 보수 우위가 심화되리라는 우려가 있는 상황이다.

　보수 성향의 연방대법관이 다수가 되어 보수적인 판결을 연달아 내놓는 상황이 되면서 진보 성향의 루스 베이더 긴즈버그는 대중적으로 주목받았다. 공기가 나빠지니 맑은 공기의 소중함이 절실해지는 것과 유사한 상황인 셈이다. 2013년 6월 25일 '셸비카운티 대 홀더 사건'. 투표권법 핵심 조항의 위헌 여부를 다투는 이 사건의 판결문은 존 로버츠 대법원장이 낭독했다. "선거에 있어 인종차별적 요소가 과다하다. 그러나 우리 미국은 지난 50년간 크게 변화했다." 높은 흑인 투표율로 버락 오바마가 대통령에 당선됐다는 사실을 거론하면서 투표권법의 일부 핵심 조항

(인종차별이 심한 주에 거주하는 소수 인종의 참정권을 보장하기 위해 선거법을 개정할 때 연방정부의 승인을 받아야 하는 주 정부의 선정 기준 규정)이 더는 시대 변화에 부합하지 않는다고 판결한 것이다. 흑인 대통령도 나왔으니 차별은 없어졌다는 논리. 문제는 투표권법이 지켜지고 있기 때문에 이런 진보가 가능했다는 사실을 간과한다는 사실이다. 루스 베이더 긴즈버그는 다수 의견 낭독이 끝난 뒤 소수 의견을 낭독했다. 소수 의견을 낭독하는 일은 극히 드물다고 한다. "오늘날 투표권법 파괴에 앞장서는 자들에게 가장 어울리는 단어는 오만"이며, 투표권법이 잘 작동한다는 이유로 폐기하는 것은 "폭풍우가 몰아칠 때 비에 젖지 않을 것이라면서 우산을 내던지는" 행위와 같다고 루스 베이더 긴즈버그는 소수 의견에서 밝혔다.

루스 베이더 긴즈버그의 삶과 법률가로서의 활약을 다룬 논픽션 『노터리어스 RBG』(글항아리, 2016)를 보면 2012년~2013년 회기 동안 법정에서 다섯 번이나 소수 의견을 낭독함으로서 연방대법원 내 최다 소수 의견 낭독 기록을 반세기 만에 갈아치웠다. 소수 의견을 적극적으로 내는 데 대한 그의 생각은 이렇다. "복잡한 내국세입법 조항에 대한 해석은, 비록 동의하지는 않지만 반대 의견을 땅에 묻고—우리들은 무덤 속 반대라고 부른다—다수 의견과 함께 가겠다고 결심한 가장 대표적인 예라고 할 수 있다. 그러나 중요한 문제가 걸린 사건이라면 …… 나는 내 길을 가겠다. 이를테면 표현과 언론의 자유, 젠더 평등에 관련된 문제라면 절대 타협하지 않을 것이다."(41쪽) 지금은 소수 의견이라 해도, 분명한 목소리가 세상에 들리게 한다면 "내가 제시한 반대

의견 대부분이 언젠가는 법이 되리라 믿는다."(41쪽)

세상이 더 나아졌다고 방심하는 사이에 연방대법원에서 시계를 거꾸로 돌리는 판결이 나고, 그것이 수많은 미국인들에 미치는 영향이 분명해진 상황에서 누군가는 소수 의견을 통해 세상에 목소리를 내고 있었다. "도덕적 세계를 향한 여정은 멀고도 험하지만 결국 정의를 향하게 되어있다. 그 위업을 끝내 이루고야 말겠다는 확고부동한 각오와 헌신적인 자세만 있다면 말이다"는 자세로 "나는 반대한다"며 소수 의견을 낭독하는 루스 베이더 긴즈버그는 대중적 인기와 가장 거리가 멀어 보이는 연방대법원으로 사람들의 시선을 집중시켰다. 2013년 '셸비카운티 대 홀더 사건'에 대한 그의 소수 의견을 접한 온라인 홍보 전문가 아미나투 소는 친구인 프랭크 치와 함께 루스 베이더 긴즈버그의 초상화에 장 미셸 바스키아풍의 포토샵 작업을 한 뒤 "루스가 없으면 진실도 없다"는 문구를 더해 인스타그램에 올리고 스티커로 만들어 워싱턴 D.C.에 도배했다. 뉴욕대학교 로스쿨 학생이던 셔나 크니즈닉은 투표권 판결에 분노하다가 로스쿨 동기가 긴즈버그 대법관을 "노터리어스 RBG"라고 부른 일을 기억해내 퍼트렸다. 래퍼 노터리어스 BIG에 빗댄 별명이었다. 그리고 루스 베이더 긴즈버그의 사진은 (체 게바라처럼) 티셔츠로 만들어지고, SNL(〈새터데이 나이트 라이브〉)의 코너가 되고, 누군가의 몸에 문신으로 새겨지는가 하면, "나는 반대한다I DISSENT"라는 문구와 함께 인터넷 밈이 되었다.

하지만 역설적으로, 소수 의견은 소수 의견이다. 불발된 혁신 혹은 막지 못한 퇴보가 루스 베이더 긴즈버그의 소수 의견이다. 애초에 연방대법원의 인적 구성이 보수 편향되어 있다면 다수 의견도 보수 편향된다. 이미 보수 성향의 대법관이 다섯 명인 상황에서 루스 베이더 긴즈버그의 나이와 건강(두 번의 암 투병을 거쳤다) 문제는 큰 근심이다. 영화 〈루스 베이더 긴즈버그: 나는 반대한다〉에는 그가 오바마 대통령의 연두교서 발표 동안 깜빡 조는 장면이 나온다(2018년 트럼프 대통령 연두교서에는 불참했다). 2019년 11월 말에는 오한과 고열로 병원에 입원했다가 증상이 완화되었다는 보도가 이어졌다. 루스 베이더 긴즈버그가 진보 성향의 오바마 대통령 임기에 다음 연방대법관을 임명할 수 있게 은퇴했어야 했다는 말이 나오는 이유다. 이에 대한 그의 입장은 이렇다. "작년에 내가 퇴임했어야 한다고 말했던 몇 사람, 특히 학자들에게 내가 물었다. '나 말고 대법원에서 봤으면 하는 사람 중에 대통령이 지명해 상원을 통과할 것 같은 사람이 과연 있습니까?' 이 질문에 아무도 대답을 하지 못했다."(45쪽) 루스 베이더 긴즈버그는 자신의 자리에서 최선을 다해 해야 할 일을 잘 해내고 있다.

그러니 역설적이다. 변호사 시절의 루스 베이더 긴즈버그는 여성 인권 관련한 소송들에서 이미 슈퍼스타였다. 대법관이 된 해는 1993년이었다. 2010년대는 보수 성향의 대법관들을 설득하는데 실패한 시기다. 이런 때, '소수 의견'으로 희망의 상징이 된 것이다. 루스 베이더 긴즈버그가 연방대법원에 합류했던 초기에는 중도와 진보 사이(즉 중도 성향이 강한) 인사로 여겨졌었다는 점도 의미심장하다. 루스 베이더 긴즈버그에 대한 주변 사람들의 평가는 한결같이 내성적이고 차분하다는 것이다. 그를 둘러싼 세상이 더 보수적인 방향으로 기울고 있기 때문에, 이전보다 더 목소리를 내 균형을 잡으려는 시도를 하게 되고 진보적 가치의 상징이 되어 사람들의 시선을 끌게 되었다.

루스 베이더 긴즈버그의 말 중 가장 유명한 것은 이상적으로 생각하는 여성 대법관 수는 몇 명이냐는 질문에 대한 답이다. 아홉 명 중 아홉 명. 사람들은 이 말에 (농담이라도 들은 것처럼) 놀라거나 웃는다. "81년도까지 남자뿐일 땐 아무도 뭐라고 안 했잖아요." 루스 베이더 긴즈버그가 물러나면 그 자리를 차지할 인물은 트럼프 대통령이 지명한 보수 성향의 법관이리라는 합리적인 예상에 더해 남성이기까지 하리라. 그러니 부디 건강하시라는 안부를 마음으로 적어 보낸다. 지금까지의 노고에 대한 감사와 더불어.

『긴즈버그의 말』을 읽는 것은 그런 '현실화된' 신념을 접하고 있다는 기쁨으로 이어진다. 그러니 『긴즈버그의 말』에 실린 각종 사건의 '변론'과 대법관으로 일하며 쓴 '반대 의견서'의 문장들을 당신이 소리 내 읽어보기를 권한다. 나는 당신이 당신의 목소리로, 루스 베이더 긴즈버그가 세상을 바꾼 언어들을 말하고 들어보기를 원한다. 한국은 미국만큼이나 더 나아져야 할 여지가 많은 나라이고, 이상하고 불평등한 듯하지만 어떻게 표현해야 하는지 헷갈리던 개념을 구체적인 언어의 형태로 만날 수 있다. 말은 힘이 세다. 법정에서 반대파를 설득하고 오늘의 세상을 어제보다 평등한 곳으로 바꿀 힘을 지닌 단련된 언어가 갖는 단단함을, 루스 베이더 긴즈버그를 조금이라도 더 닮고 싶다. 이것이 언어가 지닐 수 있는 궁극의 아름다움일 것이다.

1933년   · 3월 15일 뉴욕 브루클린에서 조앤 루스 베이더가 실리아와 네
                이선 베이더의 둘째 딸로 태어난다.

1950년   · 제임스매디슨고등학교를 졸업한다. 졸업식 전날 어머니가 자궁
                경부암으로 세상을 떠난다.

1954년   · 여학생 중에서 최우등으로 코넬대학교를 졸업한다. 파이베타
                카파에 가입한다.

              · 코넬대에서 만난 마틴(마티) 긴즈버그와 결혼한다.

              · ROTC 장교인 마티가 현역으로 소집되어 2년 동안 오클라호
                마 포트실 육군 기지에 배치된다. 이 기간 동안 루스는 오클라
                호마 사회보장국에서 일하는데, 임신하자 직위가 강등된다.

1955년   · 긴즈버그 부부의 첫째인 제인 긴즈버그가 태어난다.

1956년   · 하버드대학교 로스쿨에 입학한다. 신입생 오백 명 중에서 여학
                생은 아홉 명뿐이다. 저명한 〈하버드 로리뷰〉에 최초의 여성
                편집위원으로 참여한다.

              · 루스보다 1년 먼저 하버드대 로스쿨에 입학한 마티가 고환암
                진단을 받는다. 마티가 치료를 받는 동안 루스는 친구들에게
                수업 필기를 부탁하는 등 남편의 학업을 돕는다. 그해 마티는
                본인의 로스쿨 성적 중에서 최고 성적을 거둔다.

1958년 · 하버드대 로스쿨을 졸업한 마티가 뉴욕의 로펌에 입사해 뉴욕
으로 이사를 간다. 남편과 함께 뉴욕으로 가기를 원한 루스는
마지막 학년을 다른 로스쿨에서 마쳐도 하버드대 로스쿨 학위
를 받을 수 있도록 하버드대와 협상을 시도한다. 하버드대 로
스쿨이 제안을 거절하자 컬럼비아대학교 로스쿨로 편입학한
다. 〈컬럼비아 로리뷰〉 발간에 참여한 최초의 여학생이 된다.

1959년 · 컬럼비아대 로스쿨을 공동 수석으로 졸업한다.

· 지원하는 로펌마다 불합격된 뒤 뉴욕남부 연방법원의 에드먼
드 팔미에리 판사의 재판 연구원이 된다.

1961년 · 컬럼비아대 로스쿨이 후원하는 스웨덴 민사소송 연구에 연구
원으로 참여했다가 후에 연구 부책임자가 된다. 연구를 수행하
기 위해 한 번에 몇 달씩 외국에서 생활하면서 스웨덴어를 배
운다. 연구 결과를 바탕으로 『스웨덴의 민사소송Civil Procedure
in Sweden』을 안데르 브루젤리우스Anders Bruzelius와 공동 집필한
다. 당시 스웨덴에서는 여성이 노동시장에 대거 진출하고 젠더
차별에 목소리를 높였는데, 긴즈버그는 스웨덴에서 보낸 이때
의 경험으로 페미니즘에 대한 견해를 발전시킨다.

1963년 · 뉴저지 뉴어크에 소재한 럿거스대학교 로스쿨의 교수로 부임
하여 주로 민사소송법을 강의한다.

1965년 · 가을에 긴즈버그 부부의 둘째인 제임스 긴즈버그가 태어난다.

임신 사실이 알려지면 이듬해 계약을 갱신하지 못할까 봐 처음
에는 럿거스대 로스쿨과 동료 교수들에게 임신 사실을 숨긴다.

1970년 · 여성 인권 문제만을 다루는 미국 최초의 법률 저널인 〈여성 인
권법 리포터Women's Rights Law Reporter〉를 공동 창간한다.

1971년 · **리드 대 리드** Reed v. Reed
샐리 리드는 사망한 아들의 유산 관리인 신청서를 내지만 아
들의 친부인 전남편이 후에 신청서를 내자 아이다호주는 샐리
가 요청한 권리를 전남편에게 부여한다. 아이다호주는 유산 관
리인을 선택할 때 "남성을 여성보다 선호해야 한다"는 주 법을
인용하며 남편의 권리를 인정한다. 대법원은 리드 대 리드 사
건을 심리하면서 수정헌법 제14조의 평등보호조항을 젠더 문
제에 최초로 적용한다. 대법원은 아이다호주 법을 폐기함과 동
시에 샐리 리드가 여성임에도 불구하고 그녀에게 유산 관리인
지위를 부여한다. 이 사건으로 대법원에 첫 진출한 긴즈버그는
대법관들이 사건을 심리하는 동안 읽을 수 있게 샐리 리드의
변론 취지서를 작성한다. (긴즈버그가 대법원에서 직접 변론하는 데
에는 2년의 시간이 더 걸린다.) 리드 사건은 미국 재판에서 커다란
전환점이 되었고 긴즈버그는 1970년대 젠더 차별에 맞서 싸우
는 동안 이 사건을 판례로 활용한다.

1972년 · 미국시민자유연맹ACLU과 협력해 여성 인권 사업을 추진한다.
1970년대에 걸쳐서 여성 인권 사업은 미국의 젠더 평등을 실
현하기 위해 수많은 젠더 차별 사건을 재판에 부친다. 긴즈버

그는 여성 인권 사업의 수석 변호사로 활동한다. 1970년대 미국 법원에 제소된 대부분의 주요 젠더 차별 사건을 대변하거나 변론 취지서를 작성한다.

· 〈미국변호사협회 저널〉에 편집위원으로 참여한다.

· 컬럼비아대 로스쿨 교수로 부임한다. 컬럼비아대에서 종신 재직권이 보장된 첫 여성 교수가 된다.

· 컬럼비아대 로스쿨의 여성 교수들에 합세해 대학 당국을 상대로 집단소송을 낸다. 여성 교수들은 동등한 임금, 연금 혜택, 임신 중 보험 혜택을 요구하고 소송에서 이긴다.

· 예산 삭감으로 계약 종료 위기에 직면한 컬럼비아대의 여성 청소부들을 대변한다. (예산 삭감으로 해고 위기에 처한 남성 청소부는 한 명도 없었다.) 결국 여성 청소부 전원이 해고당하지 않는다.

· ACLU를 대표해 공군인 수전 스트럭을 대변하기로 한다. 스트럭은 공군으로 복무하는 동안 임신을 한다. 당시 공군의 방침은 여군이 임신하면 유산하거나 퇴역하는 것이었다. 스트럭은 둘 중 어떤 것도 원하지 않았다. 스트럭은 임신과 출산을 위해 허용된 휴가만을 사용한 뒤 군에 복귀했다. 아기를 입양 보낸 데다 출산하고 곧장 복귀했는데도 공군은 스트럭을 해임하려고 했다. 긴즈버그는 이 사건이 생식권을 대법원에서 다투고 또 쟁취할 첫걸음이 되기를 희망했다. 긴즈버그가 소장을 낸

지 몇 달 후 대법원은 사건을 심리하는 데 동의한다. 그러나 변론 취지서 제출 기한 전날 밤에 공군은 스트럭의 해임을 취소함으로써 사건을 미해결인 채로 남겨둔다. 긴즈버그가 보기에 스트럭 사건은 생식권을 사생활의 문제가 아니라(후일에 로 대 웨이드 사건은 생식권을 사생활의 문제로 치환해버린다) 젠더 차별의 문제로 바라볼 수 있는 절호의—그러나 놓쳐버린—기회였다 (어쨌든 남성 군인들은 아기가 생겨도 해임되지 않았다).

· **모리츠 대 국세청장** Moritz v. Commissioner of Revenue

노모를 모시는 미혼남 찰스 모리츠는 세금 공제를 받기를 원했다. 그러나 피부양자가 있는 기혼남이나 여성은 세금 공제를 받을 수 있어도 독신 남성은 불가능했다. 부부가 함께 변론한 유일한 사건으로, 루스와 (유명한 조세 변호사인) 마틴 긴즈버그는 제10재판구 연방항소법원에서 모리츠를 공동 변론한다. 법원은 그런 세금 우대 조치가 적법한 절차를 위배하므로 리드 대 리드 사건 판례가 요구하는 면밀한 조사를 필요로 한다고 결론 내린다.

1973년 · **프론티에로 대 리처드슨** Frontiero v. Richardson

여군인 샤론 프론티에로는 남편이 피부양자 혜택을 받기를 원했다. 그러나 군인의 아내나 부부 수입의 절반 이하를 버는 남편만 혜택을 받을 수 있었다. 대법원에서 변론한 첫 사건으로, 긴즈버그는 피부양자 혜택과 관련된 군대의 법령이 부당하게 임금노동자로서의 여성을 차별한다면서 수정헌법 제5조의 적법절차조항을 위배한다고 주장한다. 대법원은 긴즈버그의 의견에 동의하고, 군 정책에 존재하는 성별에 근거한 구분은 젠더 차별을 인지하고 제거하기 위한 엄격한 검토 기준을 필요로 한다고 결정한다.

1974년
- **칸 대 셰빈** Kahn v. Shevin
  멜 칸은 재산세 면제를 신청하지만 거절당한다. 재산세 면제는 홀어머니는 받을 수 있어도 홀아버지는 받을 수 없었다. 긴즈버그는 대법원에 제소한 이 사건에서 칸을 변호하지만 소송에서 진다.(긴즈버그가 소송에서 진 유일한 사건이다.) 대법원은 남편의 죽음 이후 홀어머니가 홀아버지보다 더 큰 난관에 직면하기 때문에 세금 면제를 받을 필요가 더 크다고 판결한다.

- **에드워즈 대 힐리** Edwards v. Healy
  루이지애나주는 여성의 배심원 참여를 선택으로 규정했다. 긴즈버그는 마샤 힐리를 비롯한 수많은 다른 원고를(여성뿐만 아니라 남성들도) 대변해 루이지애나주 법이 주 인구의 절반을 차지하는 시민의 권리를 침해한다고 대법원에서 주장한다. 대법원은 루이지애나의 배심원 참여법을 지지한 루이지애나동부법원의 결정을 파기 환송한다.

- ACLU의 전국위원회 위원이 된 뒤 1980년까지 보직을 맡는다.

1975년
- **와인버거 대 와이젠펠드** Weinberger v. Wiesenfeld
  홀아버지인 스티븐 와인젠펠드는 아내가 출산하면서 사망하자 아들을 부양하기 위해 사회보장 혜택을 받으려고 했다. 그러나 홀어머니가 아니라 홀아버지라는 이유로 혜택을 받을 수 없었다. 긴즈버그는 젠더 차별이 여성뿐 아니라 남성에게도 영향을 미친다는 점을 법원과 대중에 보여주기 위해 이 사건을 대법원에 제소한다. 대법원은 사회보장법에 내재된 젠더 차별이 세 명의 당사자, 곧 사망한 아내, 생존한 남편, 아기 모두를 차별한다고 판결 내린다.

1976년 · 크레이그 대 보런 Craig v. Boren

커티스 크레이그와 주류 판매상은 남성의 음주 가능 연령을 여성보다 높게 잡은 오클라호마주 법이 위법하다고 소송을 제기한다. 긴즈버그는 이 사건에 대한 법정 의견서를 낸다(그녀는 남학생 사교 클럽 회원인 원고들을 "목마른 사내아이들"이라고 표현한다). 대법원은 오클라호마주 법을 위헌으로 판단하면서 주 법에 내재된 성별에 근거한 구분은 이후 "적절한 조사"가 필요하다고 결정한다.

· 칼리파노 대 골드파브 Califano v. Goldfarb

홀아버지 레온 골드파브는 아내가 죽고 나서 사회보장 혜택인 유족 급여를 신청하지만 거절당한다. 아내가 살아생전에 남편을 경제적으로 절반 이상 부양한 경우에만 수급 요건이 갖춰진다는 것이었다. 남편이 사망한 홀어머니에게는 같은 조건이 적용되지 않았다. 긴즈버그는 젠더에 근거한 기준이 수정헌법 제5조의 적법절차조항을 위배한다고 대법원에서 주장한다. 대법원은 이 기준과 관련된 사회보장법이 차별적이므로 위헌이라고 판단한다.

1977년 · 캘리포니아 스탠퍼드대학교 행동과학 고등연구센터 특별 연구
원으로 임명되어 1978년까지 재직한다.

1978년 · 미국법률협회 위원회에 참여한다.

1979년 · 미국변호사재단 집행부에 참여한다.

· **듀런 대 미주리** Duren v. Missouri
1급 살인과 1급 강도 혐의로 기소된 빌리 듀런은 자기 또래 집
단이 정당하게 대표된 배심원단에 의해서 심리를 받아야 한다
고 주장했다. 당시 미주리주에서 여성의 배심원단 참여는 선택
이었다. 그 결과 배심원단에 참여하는 여성은 거의 없었다. 대
법원에 제소한 마지막 사건으로, 긴즈버그는 듀런을 대변해 여
성의 선택적 배심원단 참여는 정상적으로 작동하는 사회 체제
에서 여성이 부차적인 존재임을 암시한다고 주장한다. 대법원
은 배심원단에서 여성의 배제는 다양한 집단 대표로 배심원단
을 꾸려야 한다는 헌법적 규정에 위배된다고 결정하면서 사건
을 하급법원으로 되돌려 보낸다.

1980년 · 지미 카터 대통령이 긴즈버그를 컬럼비아 특별재판구 연방항
소법원 판사로 임명한다. 연방항소법원 판사로서 긴즈버그는
가능한 한 3인 합의체에 속한 다른 두 명의 판사와 뜻을 같이
하며 중도적인 노선을 취한다.

1982년 · 양성평등을 헌법적 권리로 규정한 평등권 수정헌법안ERA이

3개 주의 찬성표가 부족해 비준되지 못한다. 오랫동안 ERA의 열렬한 옹호자였던—지금도 그렇다—긴즈버그는 세계의 다른 많은 나라들처럼 미국도 젠더 평등을 헌법으로 규정하는 법 체계를 갖춰야 한다고 주장한다.

1993년
· 6월에 빌 클린턴 대통령이 긴즈버그를 미국 연방대법원 대법관으로 지명한다. 8월에 상원에서 96대 3으로 인준안이 통과된다.

1994년
· 오페라 애호가인 스캘리아 대법관과 함께 워싱턴 오페라 극단의 〈낙소스의 아리아드네〉에 단역으로 출연한다.

1995년
· 애더랜드 건설 대 페냐 Adarand Constructions, Inc. v. Peña
미국 교통부는 비소수집단non-minority 구성원이 소유한 하청업체(애더랜드 건설)가 입찰가를 더 높게 써냈는데도 그곳 대신 소수집단minority 구성원이 소유한 하청업체(페냐)에 공사를 맡겼다. 대법원은 교통부가 애더랜드 건설 대신 페냐에 공사를 발주하면서 인종을 고려의 대상으로 삼았기 때문에 수정헌법 제5조의 적법절차조항을 위배했다고 결정한다. 긴즈버그는 반대의견서에서 교통부 같은 정부 기관은 적극적 차별 시정 조치를 통해 인종차별을 시정할 권리를 국회로부터 위임받았다고 밝힌다. 그런 까닭에 어떤 경우에는 인종에 근거해 소수집단 후보자를 우대하는 게 합당할 수 있다고 덧붙인다.

· 밀러 대 존슨 Miller v. Johnson
흑인 유권자를 정당하게 대표할 목적으로 조지아주는 다수의 흑인 유권자가 포함되도록 선거구를 게리맨더링 했다. 대법원은 선거구가 기이하게 구분되었다면서 유권자 집단을 정당하게 대표하지 못한다고 결정한다. 긴즈버그는 반대 의견을 통해 선거구가 비논리적으로 획정된 것으로 보인다고 해서 폐기되어서는 안 되며, 인종차별이 문제가 되는 상황에서는 사법부가 선거구 사건에 개입하는 게 때로는 옳다고 주장한다.

1996년
· **연방정부 대 버지니아** United States v. Virginia
미국 연방정부는 명문 주립대학인 버지니아군사대학교가 여성 지원자를 받아야 한다면서 대학을 상대로 소송을 제기했다. 버지니아주에는 그에 상응하는 여자대학교가 없어서 남성들과 달리 여성들은 학문적 직업적 기회를 누릴 수 없었다. 긴즈버그가 작성한 판결문은 자격을 갖춘 여성들이 버지니아군사대학교에 최초로 지원할 수 있는 길을 열어주었다. 이 판결문은 법 앞에서의 양성평등을 위해 평생을 싸워온 긴즈버그 경력의 정점으로 종종 평가된다.

· **M.L.B 대 S.L.J.** M.L.B. v. S.L.J.
한 여성(M.L.B)이 법정 비용을 마련하지 못해 친권 청구 소송을 제기하지 못했다. 대법원은 법정 비용을 낼 능력이 없다고 해서 친권 검토의 기회마저 박탈할 수는 없다고 판단한다. 긴즈버그는 다수 의견서를 작성한다.

1997년
· 대통령 취임식에서 앨 고어 부통령의 취임 선서식을 주재한다.

- 여성 인권 신장에 대한 기여를 인정받아 스미스대학에서 제1회 소피아스미스상을 받는다.

1999년

- **옴스테드 대 L.C.** Olmstead v. L.C.

  두 명의 지적장애 여성이 미국장애인복지법American with Disabilities Act에 따라 지역사회에 거주하도록 허가를 받았지만 조지아주는 재정 문제를 비롯한 여타의 이유를 대면서 그들에게 시설에 머물 것을 요구했다. 긴즈버그는 자신이 작성한 대법원 판결문에서 주 정부의 재정적 제약에도 불구하고 지적장애인에게는 미국장애인복지법에 의거해 지역사회에서 살 권리가 있다고 밝힌다. 지체장애인뿐만 아니라 지적장애인에게도 미국장애인복지법이 규정한 권리와 특권이 있다고 공식적으로 판단했다는 점에서 이 판결문은 의미가 크다.

- 미국변호사협회에서 서굿마셜상을 받는다. 시민의 자유와 권리 신장에 공이 큰 개인에게 주는 이 상을 여성 최초로 받는다.

- 대장암 진단을 받고 9월에 성공적으로 수술을 마친다. 단 하루도 결근하지 않았지만, 마티는 암 치료가 끝난 뒤 개인 트레이너인 브라이언트 존슨에게서 트레이닝을 받을 것을 권한다.

2000년

- **스텐버그 대 카하트** Stenberg v. Carhart

  네브래스카주는 임신부의 생명이 위태로운 경우가 아니면 부분출산낙태를 금지하는 법을 통과시켰다. 낙태술 집도의인 리로이 카하트는 이 법이 자신은 물론 자신의 환자들에게 과도한 부담을 지운다고 주장했다. 대법원은 이 법을 위헌으로 판단한다. 긴즈버그는 보충 의견서를 작성한다.

· 뉴욕시변호사협회가 긴즈버그의 큰 공로를 기리기 위해 매해 '여성과 법에 대한 루스 베이더 긴즈버그 대법관 강연'을 개최한다. 글로리아 스타이넘, 엘리나 케이건 대법관, 매들린 올브라이트를 비롯한 유명 여성 인사들이 연사로 나섰다.

· 부시 대 고어 Bush v. Gore
플로리다주의 득표에 따라 대통령 당락이 결정되는 상황에서 플로리다주 대법원은 합법적인 승자를 가리기 위해 플로리다 전역에서 재검표를 명령했다. 연방대법원은 12월 11일에 구두 변론을 듣고 12월 12일에 의견서를 발표한다.(선거인단이 모이기로 한 날이 12월 18일이었다.) 대법원 일정으로는 이례적으로 빠른 속도였다. 연방대법원의 결정으로 플로리다주 대법원이 명령한 재검표 작업은 중단되었고, 그 결과 사실상 조지 W. 부시의 대통령 당선이 선언되었다. 긴즈버그는 반대 의견서에서 주 법에 대한 플로리다주 대법원의 해석을 존중해야 하므로 재검표 작업을 계속해야 한다고 밝힌다.

2002년 · 10월에 미국 여성 명예의 전당에 오른다.

2003년 · 그래츠 대 볼린저 Gratz v. Bollinger
미시간대학교가 백인 지원자보다 소수집단 지원자를 우대한다며 대학을 상대로 소송이 제기되었다. 대법원의 다수 의견은 미시간대학교가 거의 모든 소수집단 지원자를 합격시켰다며 대학의 입학 정책이 평등 보호 기준을 위배했다고 결정한다. 긴즈버그는 반대 의견서에서 대학이 특정 집단의 입학을 감소시키거나 특정 집단의 몫을 따로 배정하려고 노력하지 않았기 때문에 평등 보호 기준을 위배하지 않았다고 밝힌다.

· **로런스 대 텍사스 Lawrence v. Texas**
동성 커플 간 합의에 의한 성관계를 금지한 텍사스주 법을 상대로 소송이 제기되었다. 기념비적인 판결로, 연방대법원은 텍사스주 법이 적법절차조항을 위배한다고 결정한다. 긴즈버그는 다수 의견에 이름을 올린다.

· 긴즈버그 대법관과 브라이어 대법관이 워싱턴 오페라 극단의 〈박쥐Die Fledermaus〉에 각자 자기 자신으로 카메오 출연한다.

· 전국여성판사협회에서 올해의 조안뎀프시클라인 법관상을 받는다.

2006년
· 샌드라 데이 오코너 대법관이 은퇴한다. 이로써 긴즈버그는 유일한 여성 대법관이 된다. 긴즈버그는 법관으로 재직하는 동안 오코너 대법관의 은퇴가 대법원의 가장 큰 변화였다고 종종 이야기한다.

2007년
· **곤잘레스 대 카하트 Gonzales v. Carhart**
리로이 카하트를 비롯한 낙태술 집도의들은 부시 대통령이 서명한 부분출산낙태금지법의 효력 상실을 구하는 소송을 냈다. 그 법이 여성과 의사들에게 과도한 부담을 지우고, 경관 확장 자궁 소파술이 법안에 명시적으로 포함되어 있지 않아도 그런 수술까지 금지할 것이라는 주장이었다. 대법원의 다수 의견은 법안을 지지하는 쪽으로 결정을 내리면서, 법의 이해를 벗어나는 낙태술에까지 법이 적용되지는 않을 것이라고 주장한다. 긴즈버그는 반대 의견을 통해 로 대 웨이드 사건과 케이시 대 펜실베이니아 사건의 판례를 인용하며 대법원이 낙태권에 노골적인 적대감을 드러냈다고 비난한다.

레드베터 대 굿이어타이어사
Ledbetter v. Goodyear Tire & Rubber Co.

릴리 레드베터는 비슷한 지위의 남성 동료들보다 임금을 적게 받는다는 사실을 알고 굿이어타이어사의 고용주들을 상대로 소를 제기했다. 대법원의 다수 의견은 민권법 제7장에서 규정한 소송 제척 기간이 경과했다면서 릴리 레드베터의 임금 보상 요구를 기각한다. 대법원 판결에 의하면 레드베터는 다만 너무 늦게 소송을 낸 것이다. 긴즈버그는 반대 의견을 통해 릴리 레드베터가 소송을 제기할 만큼 임금 차별을 일찍 알 수도 없었을 것이고, 설령 불평등한 임금 지불에 대해 좀 더 일찍 알았더라도 고용주는 분명 레드베터에게 남성 동료보다 임금을 덜 받는 게 당연한 일이라고 말했으리라 주장한다. 소송을 제기하려면 레드베터가 피고용인으로서 자신의 가치를 거듭 증명하고서도 여전히 남성 동료보다 임금을 적게 받았어야 한다. 그러나 소송 제척 기간에 따르면 그때도 너무 늦었을 것이다. 긴즈버그는 릴리 레드베터와 같은 사건을 시정하려면 국회의 역할이 필요하다며 반대 의견서를 끝맺는다.

2008년　· 여성변호사협회에서 재닛리노 토치베어러상을 받는다.

2009년　· 버락 오바마 대통령이 릴리레드베터 공정임금법에 서명한다. 대통령 당선 이후 서명한 첫 법안이다. 그 법안에 따라 피고용인은 임금을 받을 때마다 민권법 제7장에 의거해 임금 차별 소송을 제기할 수 있는 180일간의 제척 기간을 매번 연장받는다.

· 2월에 췌장암 수술을 받는다. 이번에도 단 하루도 결근하지 않는다.

· **리치 대 더스테퍼노** Ricci v. DeStefano
이 사건은 뉴헤이븐 소방서의 승진 및 고용 시험과 관련된 것이다. 뉴헤이븐시는 시험 결과가 인종적으로 편향되게 나오자 민권법 제7장에 의거한 소송이 제기될까 싶어 시험 결과를 배제했다.(시험을 통과하지 못한 흑인과 히스패닉 소방관들이 압도적으로 많았다.) 다수의 백인 소방관과 한 명의 히스패닉 소방관은 뉴헤이븐시가 시험 결과를 배제하면서 그들을 인종적으로 차별했다고 주장한다. 대법원은 백인 소방관들의 손을 들어준다. 그러나 긴즈버그는 반대 의견을 통해 뉴헤이븐시가 시험 결과를 배제할 만한 근거가 상당했다면서 (원고들이 자신들의 주장을 뒷받침하는 근거로 사용한) 1964년 민권법은 인종적 불평등을 **강요하는** 상황에—**시정하는** 상황이 아니라—적용하기 위해 제정되었다고 주장한다.

· 8월에 소니아 소토마요르 대법관이 취임한다. 이로써 여성 대
  법관이 다시 두 명이 된다.

2010년 · **시티즌스 유나이티드 대 연방선거관리위원회** Citizens v. FEC
         보수적 성향의 비영리단체인 시티즌스 유나이티드는 "거금"
         의 정치자금 기부를 규제한 초당적 선거자금개혁법Bipartisan
         Campaign Reform Act이 수정헌법 제1조를 위배한다고 주장했다.
         대법원은 이 단체의 손을 들어주면서 기업의 정치자금 기부
         한도를 없앤다. 긴즈버그는 반대 의견서를 발표한 뒤 정치인에
         대한 기업의 영향력이 커졌다는 점에서 이 결정은 매우 중요하
         기 때문에, 현재 대법원이 낸 결정 중에 이 사건만큼 유감스러
         운 것은 없다고 후일에 밝힌다.

· 자랑스러운 미국 시민에게 수여하는 벤저민네이선카도조 기념
  상을 받는다.

· 프린스턴대학교에서 명예 법학박사 학위를 받는다.

· 6월에 마티 긴즈버그가 사망한다. 긴즈버그 부부는 56년간 결
  혼 생활을 영위했다.

· 엘리너 케이건 대법관이 취임한다. 여성 대법관이 세 명이라는
  것은 여성 대법관이 대법원의 일부임을 보여준다고 긴즈버그는

말한다.

- 미국변호사협회ABA에서 ABA메달을 받는다.

2011년

- 켄터키 대 킹 Kentucky v. King

  켄터키 렉싱턴의 경찰관들이 마리화나 냄새를 맡고 증거인멸을 우려해 수색영장 없이 용의자의 집으로 들어갔다. 대법원은 가택에 들어가야만 하는 긴급 상황을 경찰관들이 유발한 것이 아니므로 수정헌법 제4조를 위배하지 않았다고 판단한다. 긴즈버그는 반대 의견서를 제출하면서 이 결정이 수정헌법 제4조와 관련된 다른 사건들에 선례가 되지 않을까 우려를 표명한다.

- 하버드대학교에서 명예박사 학위를 받는다. 하버드대 로스쿨 재학 중에 학위를 받게 해달라는 긴즈버그의 요청을 거부한 이후로 하버드대 로스쿨은 긴즈버그가 학교를 그만둔 뒤 학위를 주겠다고 거듭 제안했다. 마티는 하버드대에서 명예박사 학위를 주겠다고 할 때까지 기다리라고 긴즈버그에게 늘 이야기했다.

- 월마트 대 듀크스 Wal-Mart Store, Inc v. Dukes

  미국 역사상 최대 규모의 집단소송으로, 베티 듀크스를 비롯한 월마트 직원들은 회사를 상대로 차별적 임금 해결을 위한 소송을 냈다. 스캘리아 대법관이 작성한 대법원의 다수 의견은 이렇게 대규모의 원고단이(백오십만 명의 여성으로 추정된다) 동일한 근거로 임금 차별 소송을 제기하는 것은 불가능하다고 적시한다. 긴즈버그는 부분 동의에 부분 반대 의견을 밝히는데, 경영자들에 의한 차별은 회사 전반에 걸쳐 고르게 나타날 수 있으므로 연방민사소송규칙Federal Rules of Civil Procedure에 의거한 면밀한 조사가 필요할 수 있다고 말한다.

2012년	· **콜먼 대 메릴랜드 항소법원** Coleman v. Court of Appeals of Maryland

메릴랜드 항소법원의 전직 직원인 대니얼 콜먼은 진단서를 발급받아 병가를 냈는데 해고된 것은 위법하다고 주장했다. 콜먼의 주장은 가족의료휴가법Family and Medical Leave Act. 약칭은 FMLA의 자기 치료 조항에 의거한 것이다. FMLA는 남녀에게 동등한 자기 치료 휴가를 보장함으로써 성차별적 사례를 시정하기 위해 제정된 법률이다. 대법원의 다수 의견은 콜먼이 불법적으로 해고되지 않았다고 밝힌다. 긴즈버그는 반대 의견을 제출하면서 젠더 차별을 완화함과 동시에 남성에게도 동등한 혜택을 제공하는 FMLA의 법적 권리를 지지한다.

· **전국자영업자연합 대 시벨리어스**
National Federation of Independent Business v. Sebelius

플로리다와 다른 12개 주 정부는 부담적정보험법을 제정할 의회의 헌법적 권리에 이의를 제기했다. 부담적정보험법에 따라 의료보험이 없는 개인에게 추징세를 물리고 의료보험 시장을 점검하는 상황이었다. 대법원은 조세지출조항Taxing and Spending Clause에 의거해 부담적정보험법을 통과시킬 권한이 연방정부에 있음을 확인한다. 긴즈버그는 별도의 보충 의견서에서 보험을 사고파는 상품으로 볼 수 있으므로 통상조항Commerce Clause에 의거해 부담적정보험법을 제정할 권한이 의회에 있다고 밝힌다.

· 〈글래머〉가 긴즈버그를 올해의 여성으로 선정한다.

2013년

· 미국로스쿨협회가 저명한 여성 법률가에게 수여하는 '루스베이더긴즈버그 평생공로상'을 제정한다. 긴즈버그가 첫 번째 수상자로 결정된다.

· **피셔 대 텍사스대학교 오스틴캠퍼스**
Fisher v. University of Texas at Austin

백인 학생인 애비게일 피셔는 텍사스대학교가 인종을 입학 조건의 하나로 평가함으로써 수정헌법 제14조의 평등보호조항을 위배했다고 주장한다. 대법원은 다수 의견서에서 인종을 대학 입학 조건의 하나로 볼 수 있지만, 그것은 엄격한 사법적 검토를 거쳐 대학 구성원의 다양성 목표를 실현할 방법이 인종에 대한 고려 이외에는 없다는 사실이 확인되었을 때에야 가능하다고 밝힌다. 긴즈버그는 반대 의견을 통해 평등보호조항으로 차별의 역사를 바로잡고 있는 지금, 그 조항이 인종에 대한 고려를 막지는 못한다고 밝힌다.

· **밴스 대 볼주립대학교 Vance v. Ball State University**
볼주립대학교의 아프리카계 미국인 직원인 매타 밴스는 동료로부터 성희롱을 당했다며 대학을 상대로 소송을 제기했다. 대법원의 다수 의견은 대학은 동료가 아닌 관리자가 저지른 차별적 행동에 대해서만 책임이 있다고 밝힌다. 긴즈버그는 반대 의견서에서 관리자는 직원의 일을 지시할 힘이 있는 동료로 재정의되어야 한다고 주장한다. 그러면서 대법원의 판결은 직원의 일상적 행동과 안녕에 영향을 미칠 수 있는 사람이 직속 상관만이 아닌 오늘날의 직장 현실을 간과한다고 비난한다.

- **셸비카운티 대 홀더** Shelby County v. Holder
1965년의 선거권법은 과거에 인종적 편견이 만연했던 카운티에 한층 강화된 선거 관리를 할 것을 요구했다. 앨라배마의 셸비카운티는(선거에서 인종차별의 역사가 있던 곳이다) 선거권법의 그 조항이 위헌이라서 더 이상 시행되어서는 안 된다고 주장했다. 대법원은 셸비카운티의 주장에 동의하며 인종차별적 사건들은 40년 전에 일어났고 이제는 케케묵은 일이 되었다고 밝힌다. 긴즈버그는 열띤 반대 의견서를 통해 선거권법의 일부 조항을 폐기할 권한은 법원이 아니라 의회에 있다면서 선거권에 대한 "2세대" 저항은 여전히 존재하기 때문에 면밀히 살펴볼 필요가 있다고 주장한다.

- 뉴욕대 로스쿨 학생인 셔나 크니즈닉이 셸비카운티 대 홀더 사건과 긴즈버그의 신랄한 반대 의견서를 조사한 뒤 '노터리어스 RBG' 텀블러를 만든다. 텀블러는 여든이 넘은 대법관을 향해 인터넷 기반의 새로운 찬양의 물결을 불러일으킨다.

- 긴즈버그가 마이클 카이저와 존 로버츠의 결혼식을 주례한다.

대법관이 결혼식을 주례하는 것은 흔한 일이지만, 동성 결혼식을 주례한 대법관으로는 긴즈버그가 최초다.

2014년

· 메릴랜드주변호사협회에서 리타 C. 데이비드슨상을 받는다.

· **버웰 대 하비로비** Burwell v. Hobby Lobby Stores, Inc.
하비로비사는 부담적정보험법에 따른 추징세를 부과받지 않으면서 종교자유회복법Religious Freedom Restoration Act에 의거해 직원들의 피임 비용을 부담하지 않을 방법을 찾았다. 대법원의 다수 의견은 신실한 신앙으로 뭉친 소유집중회사기업의 주식이 특정 집단이나 개인에게 집중되어 있는 회사는 의료보험에 피임 비용을 포함시키지 않아도 된다고 결정한다. 긴즈버그는 분노에 찬 반대 의견서에서 사주들의 신실한 믿음은 직원의 생식권에 영향을 끼쳐서도, 부담적정보험법에 반해서도 안 된다고 명시한다.

· 제1회 존폴스티븐스대법관 평생공로상 수상자로 선정된다.

· 평소대로 운동을 하던 중에 근육 경직과 통증을 느낀 뒤 우측 동맥 폐색 진단을 받는다. 우측 관상동맥에 압력을 낮추기 위한 스텐트 삽입 시술을 받는다.

2015년

· 하버드대학교 래드클리프 고등연구소에서 래드클리프메달을 받는다. 사회 발전에 기여한 공이 큰 개인에게 수여하는 상이다.

· **오버게펠 대 호지스** Obergefell v. Hodges

미국 전역의 동성 커플 집단들은 동성 결혼을 금지한 각 주의 법이 평등보호조항과 적법절차조항을 위배한다고 주장했다. 대법원은 미국 전역의 동성 커플에게 결혼할 권리를 인정한다. 긴즈버그는 다수 의견에 이름을 올린다.

- **애리조나주 의회 대 애리조나 독립선거구조정위원회 Arizona State Legislature v. Arizona Independent Redistricting Commission**
  애리조나주 의회는 유권자에 의해 임명된 위원회의 선거구 조정 권한에 이의를 제기했다. 긴즈버그와 다른 네 명의 대법관은 다수 의견서에서 선거구와 투표 형태를 결정하는 위원회 임명 권한이 유권자들에게 있다고 밝힌다.

- 데릭 왕Derrick Wang이 작곡한 오페라 〈스캘리아/긴즈버그〉가 캐슬턴 페스티벌에서 초연된다. 〈마적〉에 기반한 줄거리에서 두 대법관은 법 이론 대결을 벌인다. 〈스캘리아/긴즈버그〉의 공공연한 우승자는 오페라의 평생 팬인 긴즈버그다.

- 루스벨트연구소에서 프랭클린 D. 루스벨트 4대자유상을 받는다.

- 노터리어스 RBG 텀블러에 기반한 『노터리어스 RBG』가 출간된다.

- 〈타임〉이 뽑은 세계에서 가장 영향력 있는 인물 100인에 선정된다. 스캘리아 대법관이 헌사를 쓴다.

- 3월 스캘리아 대법관 장례식에서 추도사를 낭독한다. 이 둘은 법률에 대한 견해가 판이하게 달랐지만 평생의 친구였다.

- 국내외 사회에 법률 교육을 실시한 공을 인정받아 미국변호사 협회 법치주의상ABA Rule of Law Award을 수상한다.

- 클리블랜드 자연사박물관의 과학자들이 사마귀의 한 종을 일로만티스 긴즈버개ilomantis ginsburgae로 명명한다. 사마귀의 목 부분이 긴즈버그 대법관의 상징인 자보, 곧 법복 위에 걸치는 레이스 칼라와 닮았다는 이유였다.

- **홀우먼스헬스 대 헬러스테트**
  Whole Woman's Health v. Hellerstedt

  텍사스주는 낙태 시설의 기준을 높이는 몇 개의 법안을 통과시켰다(실제로 많은 시설이 문을 닫고 여성의 낙태술 접근이 제한될 것이다). 대법원은 텍사스주의 규제가 낙태술을 받고자 하는 여성들에게 상당한 부담을 지운다면서 규제들을 폐기한다. 긴즈버그는 보충 의견서에서 낙태 시설은 여성들에게 매우 안전하며 낙태술에 대한 접근을 제한하려는 그 어떤 법률도 엄격한 사법적 검토를 거쳐야 하므로 실패할 수밖에 없을 것이라고 말한다.

- 7월에 대통령 후보인 도널드 트럼프가 대통령이 되면 나라와 대법원에 어떤 일이 일어날지 우려된다면서 그를 비난한다. 이 발언은 정치권과 언론에서 논란을 빚었고 긴즈버그는 며칠 후

사과한다.

· 데비 레비가 어린이책 『나는 반대합니다: 행동하는 여성 대법
  관 긴즈버그 이야기』를 출간한다. 긴즈버그가 어린이들의 롤
  모델로 자리매김하는 데 일조한다.

· 메리 하트넷, 웬디 윌리엄스와 함께 연설 및 글 모음집인 『나의
  말My Own Words』을 공저로 출간한다.

· 세션스 대 모랄레스-산타나 Sessions v. Morales-Santana
  루이스 라몬 모랄레스-산타나는 자신의 아버지가 아버지가
  아니라 어머니였다면 자신이 자동 시민권을 받았을 것이라면
  서, 자신이 자동 시민권을 받는 것은 당연하다고 주장했다이민
  국적법에 따르면, 외국에서 태어난 아이가 자동 시민권을 받으려면 출산
  이전 미국인 아버지의 미국 거주 기간이 도합 10년이어야 하는 반면, 미국
  인 어머니의 미국 거주 기간은 최소 1년이면 된다. 그러면서 그는 여성
  에 대한 기준이 남성보다 덜 엄격한 것은 평등보호조항에 위
  배된다고 주장했다. 다수 의견서를 작성한 긴즈버그는 사실상
  모랄레스-산타나의 주장에 동의한다고 밝히면서도 이러한 법
  률상의 오류를 수정하는 것은 대법원이 아닌 의회의 몫이라고
  덧붙인다.

· 케네디 센터에서 열린 오페라 〈연대의 딸〉 개막 야간 공연에
  크라켄토프 공작부인 역으로 출연한다.

| 2017년 | · 1972년의 모리츠 사건을 바탕으로 영화 〈세상을 바꾼 변호인〉이 촬영에 들어간다. 펠리시티 존스가 루스 역으로, 아미 해머가 마티 긴즈버그 역으로 나온다. |

· **트럼프 대 국제난민지원 프로젝트**
Trump v. International Refugee Assistance Project

국제 테러리스트들의 미국 입국을 막는 도널드 트럼프 대통령 행정명령 13780호에 의해 이슬람 6개국 국민들의 미국 입국이 90일 동안 금지되었다. 몇몇 하급 연방법원은 이 행정명령의 시행을 막기 위한 법원 명령을 내렸다. 대법원은 이 사건에 대한 구두변론을 취소하고 연방정부가 법원 명령 가운데 몇 개의 시행을 보류해도 좋다는 무서명 의견서를 발표한다.

2018년 · 긴즈버그의 일생을 다룬 다큐멘터리 〈루스 베이더 긴즈버그: 나는 반대한다〉가 선댄스영화제에서 처음 공개된다.

· 조지타운대학교 로스쿨 신입생을 대상으로 한 강연에서 미투 운동을 공개 지지하며 "오늘날의 여성들은 나쁜 행동에 대해 침묵하지 않는다"고 말한다.

· 〈세상을 바꾼 변호인〉이 미국에서 개봉한다.

2020년 · 9월 18일, 암 투병 중 87세를 일기로 타계하다. 존 로버츠 연방대법원장은 추모식에서 "당대에는 물론 후대에도 긴즈버그는 '지칠 줄 모르는, 군건한 정의의 수호자'로 기억될 것이다"라고 애도한다.

〈자유롭게 너와 내가 되자〉

아이들이 자유로운 땅이 있어
우리가 사는 여기로부터 멀지 않은 곳에
내 손을 잡고 나와 함께 아이들이 자유로운 그곳으로
나와 함께 내 손을 잡고 그곳에서 살자

강물이 자유롭게 흐르는 땅에서
초원을 지나는 땅에서
빛나는 바다에 이르는 땅에서
너와 내가 자유롭게 너와 내가 되는 그곳에서

저기 밝고 환한 땅이 있어 우리가 그 땅에서 살
그날이 다가오고 있어 너와 나 함께 손잡고
내 손을 잡고 나와 함께 우리의 노래를 부르자
나와 함께 내 손을 잡고 노래를 부르자

강물이 자유롭게 흐르는 땅을 위해
초원을 지나는 땅을 위해

빛나는 바다에 이르는 땅을 위해

말들이 자유롭게 달리는 땅을 위해

너와 내가 자유롭게 너와 내가 되는 그곳을 위해

모든 소년이 자기 자신으로 성장하는 땅

모든 소녀가 자기 자신으로 성장하는 땅

내 손을 잡고 나와 함께 아이들이 자유로운 그곳으로

나와 함께 내 손을 잡고 그곳에서 달리자

강물이 자유롭게 흐르는 땅으로

초원을 지나는 땅으로

빛나는 바다에 이르는 땅으로

말들이 자유롭게 달리는 땅으로

아이들이 자유로운 땅으로

너와 내가 자유롭게

너와 내가 자유롭게

너와 내가 자유롭게 너와 내가 되는 그곳으로

말로 토머스와 친구들(MARLO THOMAS AND FRIEND) 노래

프로젝트 앨범 〈Free to Be You and Me〉에 수록(1972)